I0391382

Inhaltsverzeichnis

ERFOLGREICH UND FREI MIT EBOOKS!

Geld verdienen, Experte werden und Kunden gewinnen durch Ebooks und Taschenbücher

Gewinne ein persönliches

ERFOLGSCOACHING

AUTOR - Philipp SCHARTNER

Vorwort

Herzlich willkommen!
Liebe Leserin, lieber Leser,

vielen Dank für Dein Vertrauen! Dieses
Buch ist definitiv anders als alles, was
Du zuvor über Ebooks in Händen
gehalten hast. In diesem Buch geht es
zu 100% um Dich und darum, dass Du in
die Umsetzung kommst.
Du sollst erfolgreich werden und mit
Ebooks Dein Ziel erreichen, welches
auch immer das sein mag.
Es gibt unterschiedliche Gründe warum
Menschen dieses Buch in Händen halten
wie zum Beispiel

- DU willst einen volleren
  Terminkalender
- DU willst Geld im Internet
  verdienen
- DU willst mehr Kunden
- DU willst passives Einkommen
  aufbauen

- ✰ DU willst Dich als DER Experte am Markt positionieren
- ✰ DU willst ein zweites Standbein aufbauen
- ✰ DU willst bessere Werbung machen
- ✰ DU willst eine exklusive Visitenkarte
- ✰ DU willst Deine Kunden begeistern
- ✰ usw.

Es gibt also jede Menge Möglichkeiten, wobei Du Ebooks und Taschenbücher für Dich und Deinen Erfolg verwenden kannst.

Anfangs hab ich gesagt, dass es zu 100% um Dich und Deinen Erfolg geht, darum hast Du es auch verdient mal zu erfahren wer ich überhaupt bin und ob es clever ist, mir hier zuzuhören.

Mein Name ist Philipp Schartner und ich beschäftige seit Anfang 2017 mit Ebooks und dem Selfpublishing über Amazon. Anfangs hatte ich meine Bedenken ob dieses Businessmodell für mich funktionieren würde. Ich war skeptisch, denn ich war in der Schule nie der Beste im Schreiben und hatte auch noch nie ein Buch veröffentlicht. Genau genommen könnte man sogar sagen, dass ich die Hose gestrichen voll hatte und Angst hatte Geld zu verlieren, doch ich habe es trotzdem einfach gemacht.

Das Ergebnis kann sich sehen lassen:

- über € 1.000,- Monatsumsatz innerhalb der ersten 3 Monate
- über 170 Bücher selbst veröffentlicht
- mehrere hundert erfolgreiche 1:1 Coachings
- mehrere hundert zufriedener Kunden in meinen Videokursen
- zahlreiche Selfpublisher die mit meinen Methoden mehrere tausend Euro Monatsumsatz machen
- selbst mehrere tausend Euro Monatsumsatz

Als ich mit dem Ebook-Business gestartet bin gab es im deutschsprachigen Raum noch nicht sehr viele Informationen und Erfolgstipps. In akribischer Arbeit habe ich das Wissen zusammengetragen und zahlreiche Wege gefunden, wie es nicht funktioniert.

Um es auf den Punkt zu bringen, ich bin oft auf die Fresse gefallen und einfach wieder aufgestanden. Diese Fehler musst Du nicht mehr machen. Du kannst Dir ganz einfach alle Infos holen die Du brauchst und über meine Website philipp-schartner.com auswählen ob Du lieber

- #GAMECHANGER-PODCAST
- #EBOOKSMARTSTART-
  WHATSAPP-NEWSLETTER

oder auch

- auf Instagram unter philschartner

- ✉ auf FacEbook unter philipp-schartner.com/facEbook
- ✉ auf YouTube unter philipp-schartner.com/youtube

Informationen einholen möchtest.
Am Ende dieses Buches erwartet dich noch ein besonderer Bonus. Du kannst schon mal gespannt sein, denn das solltest du dir auf keinen Fall entgehen lassen!

Wie Du also bereits in den ersten Zeilen lesen kannst lebe ich das Prinzip des Mehrwert. Du wirst immer nur dann erfolgreich werden, wenn Du mehr an Wert in das Leben anderer Menschen bringst als Du dafür an Geld entgegen nimmst.

Und jetzt wünsche ich Dir viel Spaß und gute Unterhaltung mit diesem Buch.

Herzliche Grüße,
Dein Philipp Schartner

Familienbusiness

Irgendwie lief in meinem Leben nichts so wie es laufen sollte. Meine Mama ist sehr früh gestorben, ich war gerade mal 10 Jahre alt als das passiert ist. Irgendwie sollte genau das so ein Moment in meinem Leben werden, der das Spiel ein für alle Male verändert. Nach vielen Jahren des „Hamsterrades" in der Gastronomie, im Versicherungsvertrieb und auch im Network-Marketing habe ich festgestellt, dass ich immer für den Erfolg anderer Menschen gearbeitet habe. Zu dieser Zeit war es offensichtlich richtig für mich und ich bin dankbar für jeden einzelnen Lernschritt, den ich jemals gemacht habe. Letztendlich bin ich heute auf einige Dinge, die ich gemacht habe nicht stolz, doch all das hat dazu gehört, dass ich heute derjenige bin, der ich eben bin.

Das Ebook-Business ist für mich und meine Familie mittlerweile ein verbindendes Element geworden. So sind nicht nur meine Frau und ich als Selfpublisher tätig, sondern auch unsere Söhne wollen bereits ihre ersten Bücher auf die Reise schicken. Darüber freue ich mich ganz besonders, denn das zeigt, dass mit Ebooks wirklich alles möglich ist.

Vielleicht fragst du dich jetzt warum ich es als Familienbusiness bezeichne? Ganz einfach, die PHILIPP SCHARTNER ACADEMY bietet unter anderem auch Live-Workshops an und auf diesen ist meine gesamte Familie ebenso mit dabei. Oftmals betreiben wir abends anstatt dem Fernsehen gemeinsam Nischenanalyse oder suchen nach neuen Coverbildern. Dies schärft das Verständnis der Kids auf spielerische Art und Weise und lässt in ihrem eigenen Tempo Einblicke in die Welt des Unternehmertums zu. Für sie ist mittlerweile vollkommen klar, dass sie ausschließlich etwas tun wollen, was ihnen auch richtig Spaß macht.

Damit meine ich nicht, dass sie niemals arbeiten müssen, was ich damit sagen möchte ist, dass sie anstatt der Arbeit eben kreieren und das ist ein Unterschied. Sie kreieren Dinge, die Leben verbessern, die glücklich machen, die Freude und Spaß in die Welt hinaus liefern.

Meine Frau und ich wollen für unsere Kinder, dass sie mit Spaß und Leichtigkeit das entdecken können, was ihr Herz berührt und ihnen Freude bereitet. Und genau dafür eigenen sich Ebooks und Taschenbücher eben genauso. Das alles führt dazu, dass ich das Ebook-Business als Familienbusiness bezeichne.

Was ist ein Ebook

Der Markt für Ebooks wächst unaufhörlich. Mittlerweile gibt es sogar Gebrauchsanweisungen und Fachliteratur aufgrund ihrer Suchfunktion und des einfachen Anlegens von Notizen und Lesezeichen in elektronischer Form. Doch auch Klassiker der Weltliteratur erscheinen inzwischen als elektronisches Buch. Mittlerweile kannst du alle möglichen Bestseller völlig legal über das Internet downloaden und lesen. Doch was genau ist ein Ebook und was macht es so besonders? Das Wort Ebook ist aus dem Englischen abgeleitet und bedeutet elektronisches Buch (electronic book). Das bedeutet, ein Ebook beschreibt einen Buchinhalt, der digital gespeichert ist. Zum Lesen der Ebooks gibt es ein eigenständiges Lesegerät - der sogenannte Ebook-Reader. Du kannst aber die elektronischen Bücher genauso gut über Smartphone, Tablet oder Computer lesen.

Im Ebook-Business geht es hauptsächlich darum die Probleme und Herausforderungen anderer Menschen zu lösen. Dafür eigenen sich am besten sogenannte Non-Fiction-Ratgeber, also Sachbücher zu unterschiedlichen Themen. In diesen Büchern wird auf kurze und prägnante Art und Weise ein bestimmtes Problem gelöst und das auf wenigen Seiten.

Die Menschen nehmen sich immer weniger Zeit und wollen in Minutenkürze ihre Probleme gelöst und das Ergebnis quasi auf dem Silbertablett serviert bekommen. Aus diesem Grund empfehle ich Dir mit Amazon Kindle Direct Publishing zu arbeiten. Dies mache ich selbst seit Anfang an und bin damit sehr zufrieden.

Wie bekommst du ein Ebook zum Lesen?

1. Download

Wer sich für Ebooks interessiert, wählt einen der zahlreichen Anbieter/Shops, sucht sich ein Buch aus und beginnt es herunterzuladen. Du kannst die Lesewerke ganz einfach direkt aus dem Ebook-Reader Shop bestellen. Dort sind meist auch die momentanen Bestseller und kostengünstige Angebote zu finden.

2. Bezahlung

Hast du deine Wunschlektüre ausgesucht und heruntergeladen, geht es anschließend zum Bezahlen. Als Zahlungsmodalität bieten die Anbieter meist die üblichen Zahlungsarten an. Dazu zählen Überweisung, Kreditkarte, PayPal, Sofortüberweisung oder Lastschrift. Vielleicht hast du aber auch Glück und dein ausgewähltes Buch ist kostenlos, dann entfällt der Zahlvorgang selbstverständlich.

3. Auf Lesegerät laden

Die meisten Ebooks werden automatisch über WLAN auf das Lesegerät kopiert.

Hast du zum Zeitpunkt des Downloads kein WLAN zur Verfügung, kannst du dein Buch auch per USB-Kabel auf das Gerät übertragen. Bei einigen Modellen funktioniert das Ganze sogar über das Mobilfunknetz.

4. Viel Spaß beim Schmökern

Hast du deine favorisierte Lektüre auf dem Lesegerät gespeichert, kannst du nun mit dem Lesen beginnen.

Ebooks sind nicht nur zum Lesen da, sie haben noch viele weitere Eigenschaften:

- ⚰ vorlesen lassen

Es gibt bestimmte Ebook-Reader, die dir ihr elektronisches Buch vorlesen, sodass du die Hände für anderweitige Sachen frei hast.

- ⚰ zurückgeben

Du hast aus Versehen das falsche Buch gekauft? Das ist überhaupt kein

Problem! In einigen Ebook-Shops kannst du es innerhalb von zwei Wochen zurückgeben.

✄   verschenken

In einigen Onlineshops kannst du Bücher nicht nur in gedruckter Form, sondern auch in elektronischer Form verschenken. Bei Onlineshops, die dies noch nicht anbieten, kannst du aber einen Gutschein für den Kauf von Ebooks erwerben.

✄   verwalten

Auch Ebooks können in „ein Bücherregal einsortiert" werden. Die meisten Lesegeräte bieten die Funktion der Sortierung. Des Weiteren besteht die Möglichkeit, eigene Ordner anzulegen.

✄   ausleihen

Außerdem besteht die Möglichkeit, Ebooks auszuleihen. Diese Variante ist oftmals kostengünstiger als der reine

Buchkauf.

⋈   verleihen

In den nächsten Jahren soll es die
Funktion geben, Bücher seinen
Freunden auszuleihen. Die genaue
Umsetzung wird noch getestet.

⋈   updaten

Hast du ein Buch gekauft und
zwischenzeitlich wird es geändert,
kannst du die aktuelle Version kostenlos
downloaden.

⋈   löschen

Wer keinen Überblick mehr über seine
Bücher hat oder sie bereits
durchgelesen hat, kann diese ganz
einfach löschen. Doch was passiert,
wenn du ein Buch versehentlich gelöscht
hast? Das ist nicht schlimm, oft kannst
du den Lesestoff noch einmal kostenlos
vom Anbieter, bei dem du es gekauft
hast, herunterladen.

Vorteile von Ebooks

Elektronische Bücher bieten eine Menge Vorteile gegenüber gedruckten Büchern: Es gibt Tausende von angebotenen Büchern, ohne auf die Bestellung warten zu müssen. Es existieren sogar viele kostenlose Ebooks, darunter sind auch große Klassiker der Weltliteratur zu finden. Des Weiteren brauchst du keine Brille mehr zum Lesen. Schließlich besteht die Möglichkeit, auf dem jeweiligen Lesegerät die Schriftgröße zu ändern und dir somit bequemes Lesen zu ermöglichen. Ebooks sind im Kauf oft kostengünstiger als Bücher. Im Durchschnitt macht dies meist 20% Ersparnis aus. Außerdem braucht ein Ebook ganz wenig Platz, das heißt ein platzraubendes Bücherregal ist nicht nötig. Somit sparst du wieder…Platz und Geld.

Du kannst dir die Bücher bequem vom

Sofa aus kaufen und musst nicht in einen Buchladen gehen oder warten, bis das Buch per Post gesendet wird. Egal, wie viele Bücher du unterwegs lesen möchtest, ein Ebook-Reader ist viel leichter als die meisten Bücher, sodass jedes Buch leicht transportiert werden kann, selbst wenn du 100 Bücher dabei haben willst. Solltest du einmal auf den Genuss kommen, fremdsprachige Literatur zu lesen, hast du den Vorteil, schnell nach Übersetzungen oder Wortbedeutungen nachzuschlagen. Genauso schnell findest du bestimmte Buchseiten wieder, da die eingebaute Suchfunktion sehr nützlich ist. Für Naturschützer ist wichtig zu wissen, dass bei der Herstellung von Ebooks kein Baum gefällt werden muss. Von Vorteil ist außerdem, dass Ebooks immer aktuell sind. Oftmals gibt es nach Veröffentlichung eines Buches noch Änderungen, die anhand eines Updates ganz einfach umgeschrieben werden.

Nachteile von Ebooks

Ein großer Nachteil der Ebooks ist, dass, wenn du ein elektronisches Buch kaufst, du lediglich die Rechte, das Buch zu benutzen und zu lesen, erhältst. Allerdings gehört es dir nicht direkt. Besitzen, weiterverkaufen oder weiterverschenken lassen sich Ebooks nur begrenzt. Verstößt du gegen die Richtlinien der Online-Anbieter, können einzelne Titel oder sogar ganze Büchersammlungen gelöscht werden. Außerdem ist in der heutigen Zeit das Thema Datenschutz mit Vorsicht zu genießen. Natürlich sammelt und speichert ein E-Reader deine Daten. Und trotzdem haben Sie als Leser wenig Zugang zu Ihren eigenen Daten. Der Reader braucht Energie. Leider kannst du keine Batterien nutzen, die es überall zu kaufen gibt. Du benötigst eine Stromquelle oder einen Akku, um dein Gerät am Laufen zu halten und den Lesestoff optimal nutzen zu können. E-Readers und somit auch die Ebooks sind außerdem mehr wert als herkömmliche Bücher. Das bedeutet einen größeren Verlust, falls sie abhandenkommen. Außerdem sind nicht alle Lesegeräte gegen Nässe oder Feuchtigkeit geschützt. Schnell können wichtige Daten nutzlos sein.

In den letzten Jahren wurde immer deutlicher, dass viele Leser sich Ebooks zulegen. Wohin die Reise noch geht und ob sich das Ebook noch weiter etabliert, werden wir in nächster Zeit sehen. Da auch die traditionellen, gedruckten Bücher nach wie vor ihren Reiz haben und deren Anhänger ihre Vorteile zu schätzen wissen, wird sich zeigen, wie sich die elektronische Lektüre weiterentwickelt. Trotzdem werden die Ebooks durch die einfache Handhabung, die große Speicherkapazität der Lesegeräte und die vielen funktionalen Möglichkeiten als Alternative zur gedruckten Ausgabe immer populärer.

Die Chronologie bei der Bucherstellung

Wenn du den Entschluss gefasst hast, dass du ein Ebook schreibst, dann ist es clever, dass du dir erstmal einen roten Faden zurecht legst. Für den Erfolg eines Ebooks gibt es einen klaren Ablauf, den du der Reihe nach, quasi Schritt für Schritt abarbeiten kannst. In der Folge möchte ich dir diese Schritt für Schritt Anleitung an die Hand geben, damit du dir ein Bild dazu machen kannst.

Bei diesem Businessmodell sprechen wir über verschiedene Ansätze um erfolgreich zu werden. Die eine Seite ist Ratgeber, sogenannte Non-Fiction-Bücher zur Problemlösung von Kunden zu veröffentlichen. Hierbei geht es darum ein konkretes Problem auf einfache und schnelle Art & Weise zu klären.

In der heutigen Zeit haben Menschen immer weniger Zeit und wollen schnell und einfach ihre Herausforderungen und Probleme des Alltags geklärt bekommen. Aus genau diesem Grund eignen sich diese Ebooks hervorragend und werden auch auf einen langen Zeitraum gesehen weiter mehr Absatz finden.

Diese Bücher, sofern sie von guter Qualität sind, haben enormes Potential und finden immer mehr Anklang. Sie sind schnell und einfach zu lesen und bieten riesengroßen Mehrwert für die Leser und auch die Selfpublisher. Hier sind wir auch bei der zweiten großen Möglichkeit in diesem Business, dem Vertrauensaufbau und der Platzierung als DER Experte am Markt. Als Selfpublisher hast du die Möglichkeit über Amazon ein Taschenbuch „on Demand" drucken zu lassen. Dadurch hast du keine vorab-Kosten und dennoch dein eigenes physisches Buch. Ein solches Buch kannst du als höchst qualitative und extrem wertvolle Visitenkarte verwenden.
Damit steigerst du das Vertrauen der

Kunden in dich, deine Expertise und du bietest einen riesen Mehrwert. Diese Vorgehensweise hat sich bereits hundertfach bewährt und sorgt bei den unterschiedlichsten Unternehmern in durchwegs allen Branchen für sensationelle Umsatzsteigerungen und volle Terminkalender.

Wollen wir uns die Chronologie mal der Reihe nach ansehen:

1. **Ideenfindung**
   Bei der Ideenfindung oder Nischenanalyse kommt es darauf an, dass du vergleichst wie viele „Konkurrenzbücher" es in der jeweiligen Nische gibt.

2. **Ghostwriter**
   Ghostwriter sind Menschen, die Texte für dich schreiben. Du kannst hier aufgrund deiner Idee (der Nische) einen Text verfassen lassen und brauchst dein Buch nicht selbst zu schreiben. Diese Menschen sind mitverantwortlich dafür, dass wirklich

jeder im Ebook-Business durchstarten kann.

3. **Cover**

Das Cover eines Buches ist der Verkaufsmotor. Auf Amazon ist der Hintergrund in Weiß gehalten und daher sollte das Coverbild heraus stechen und auffällig sein, um sich gut zu verkaufen. Beim Coverbild kommt beim Kunden gut an, wenn damit Emotionen, Gefühle oder ein wunder Punkt getroffen werden. Dadurch stellt der Kunde sofort einen Bezug her und kann sich im besten Fall damit identifizieren.

4. **Titel**

Der Titel des Buches sollte weise gewählt sein. Hier kommt es nicht auf einen klingenden Namen an, sondern darauf, dass die hauptsächlich gesuchten Keywords (Schlagwörter) im Text aufgeführt sind.

5. **Autorenname**

Der Autorenname muss nicht der Name des Selfpublishers sein. Es kann sein, dass das sogenannte Pseudonym (frei erfundener Name) sich sogar besser eignet. In der Wahrnehmung der Kunden kann ein Experte nicht in vielen verschiedenen Bereichen ein wirklicher Experte sein. So kannst du in den Augen eines Kunden nicht im Bereich Gärtnerei, zum Thema Liebe und Sex und gleichzeitig zum Thema Ernährung und Rezepte ein Experte sein. Du gehst ja bei gesundheitlichen Herausforderungen auch zu einem Spezialisten und wählst bei Zahnschmerzen den Zahnarzt und nicht den Orthopäden, oder?

6. **Designer**

Designer und somit das Cover, bilden einen entscheidenden Faktor im Verkauf. In der aktuellen Zeit leben wir sozusagen in einer „Wisch und Weg-Gesellschaft". Du hast also mit deinem

Buch einen Bruchteil einer Sekunde Zeit, um die Aufmerksamkeit deines angehenden Lesers zu erwecken. Dabei solltest du dich unbedingt an einen Experten auf diesem Gebiet wenden. Hier würdest du auf jeden Fall an der falschen Stelle sparen!

7. **Korrekturlesen**

Ordentlicher Lesefluss, richtige Grammatik und Rechtschreibung sowie korrekte Satzstellungen machen ein Buch erst zu einem guten oder schlechten Buch. Aus diesem Grund ist es wichtig, das Buch Korrekturlesen zu lassen. Eventuell ist es zum Teil sogar relevant, dass das Buch lektoriert wird.

8. **Formatierung**

Ein guter Lesefluss kommt nur dann zustande, wenn der Text vernünftig formatiert ist und der Leser somit voll und ganz in den Text eintauchen kann. Du solltest dir immer wieder vor Augen führen, dass dieses Buch für den

Kunden, den Leser geschrieben ist und ihm dazu dient, seine Herausforderungen zu lösen!

9. Hochladen

Einer der finalen Prozesse bevor es um den Verkauf geht ist das Hochladen auf Amazon. Hierbei gilt es zu beachten, dass du dich erst dem Ebook widmest und erst dann das Taschenbuch hochlädst.

10. Promotion

Amazon bietet uns hier unterschiedliche Möglichkeiten um Promotion/Marketing zu machen. Die sogenannte kostenlose Promophase ist einer der wesentlichsten Bestandteile, wenn es um den nachhaltigen Erfolg deines Werkes geht.

11. Preisgestaltung

Die Preisgestaltung ist ein weiterer Faktor, der von strategischer Bedeutung ist. Im ersten Moment könnte der Anschein entstehen, dass ein günstiger Preis für das Taschenbuch bzw. das Ebook von Vorteil ist um mehr Verkäufe zu erzielen. Dem ist allerdings nicht so, zumindest nicht in allen Fällen, denn für Bücher, die sich sehr gut verkaufen werden oftmals wesentlich höhere Preise genommen. Das soll bedeuten, dass ein gutes Buch mit sehr hilfreichem Inhalt und einem schönen Cover durchaus schon mal EUR 14,99 oder als Ebook EUR 4,99 kosten darf. Dadurch kann sogar sein, dass sich die Sales erhöhen.

Alles in allem kann ich zur Chronologie und den einzelnen Punkten sagen, dass jeder für sich ein wesentlicher Bestandteil eines funktionierenden Buches ist. Diese Chronologie und jeder einzelnen Punkt darin haben sich in über 2 Jahren Erfahrung und bei mehreren tausend Menschen bereits bezahlt gemacht. Wenn du also schnellen und zielsicheren Erfolg mit Ebooks haben möchtest und keine Lust auf langes ausprobieren hast, dann verwende diese Schritt für Schritt Anleitung einfach genauso, wie sie oben angeführt ist!

Wie du selbst ein Ebook schreibst

Ein Ebook selber zu schreiben ist mit viel harter Arbeit verbunden, vor allem, wenn es sich dabei um dein erstes Ebook handelt. Im Folgenden möchte ich dir Schritt für Schritt zeigen, wie auch du dein eigenes Ebook schreibst. Ziel soll es sein, dass du ein Ebook mit Mehrwert für die Leser verfasst. Die Länge spielt eine untergeordnete Rolle. Die wichtigste Grundvoraussetzung ist Leidenschaft am Thema. Als erstes musst du dein Ziel festlegen. Es ist wichtig, dass du weißt, wohin du mit deinem Ebook kommen möchtest und wann du ankommen willst. Setze dir ein fixes Datum, eine Deadline. Hast du diese nicht, besteht die Gefahr des Aufschiebens. Plane das Datum nicht zu früh, damit du nicht unter Zeitdruck gerätst.

Anschließend hast du die Aufgabe, deine Zielgruppe auszuwählen. Dabei gibt es drei Wege:

1. Beseitige ein Problem der Zielgruppe: spezifiziere dich dabei auf ein kleines und spezifisches Problem.

2. Besiege eine Angst: Es ist menschlich, Angst zu haben, zugeben möchte seine Ängste aber kaum jemand. Vielleicht kannst du den Betroffenen helfen.

3. Neugierde befriedigen: Die Neugierde zählt zu den stärksten menschlichen Trieben.

Sofern möglich, versuche zwei oder alle drei Wege zu verbinden. Beispielsweise: „Wie ich innerhalb von drei Jahren ein Online-Unternehmen erschaffen habe (und wie du das ebenfalls schaffen kannst).

Damit würdest du sowohl ein Problem lösen als auch die Neugierde befriedigen.

Wähle im nächsten Schritt dein Thema aus. Der Keyword Planer kann dabei helfen, ein Thema zu finden, das über Google häufig gesucht wird.
Teste dann dein Ebook, indem du eine Landing Page erstellst. Schreibe hier über dein Anliegen, dass dein neues Ebook bald erhältlich sein wird. Dort können Interessenten ihre Email-Adresse hinterlassen und erhalten frühzeitig Informationen über das Werk. So erfährst du, ob Interesse besteht. Generiere dann Traffic auf dieser Landing Page, indem du sie via Blogs, Social Media, E-Mail, AdWords usw. erwähnst. Möchtest du ein E-Book verkaufen, solltest du auch eine Vorbestellung über PayPal anbieten. Lässt der Besucher nämlich sein Geld, das er schwer verdient hat da, weißt du, dass er Interesse hat.

Durch das Testen kannst du das Risiko vermeiden, dass dein Ebook nicht verkauft wird.

Als nächstes geht es an die Recherche. Jeder Autor muss recherchieren, obwohl dieser Punkt gerne vernachlässigt wird. Mit ihr gelingt aber eine bessere Qualität und du bietest ein besseres Produkt an, da es nicht nur dein eigenes Wissen, sondern auch das von anderen Menschen beinhaltet.

Erstelle anschließend ein Inhaltsverzeichnis, das den Aufbau deines Ebooks darlegt. Es dient als Landkarte und zeigt den Weg, wohin du mit deinem Thema gehen willst. Im nächsten Schritt geht es an das Schreiben. Der Aufbau besteht bereits. Jetzt musst du die einzelnen Kapitel nur noch mit Inhalten füllen. Schreibe zunächst einfach drauf los, um deine Gedanken zu verschriftlichen. Dies nimmt einige Zeit in Anspruch.

Verwende als Schreibprogramm Microsoft Word, Google Docs oder Open Office.

Folgende Tipps können dir beim Schreiben helfen:

- **Schreibe zur produktivsten Zeit**
  Schreibe zu dem Zeitpunkt des Tages, an dem deine Gedanken am klarsten sind. Bei jedem Menschen ist das unterschiedlich. Einige arbeiten morgens am produktivsten, andere nachmittags und wieder andere abends.

- **Sorge für Ablenkungsfreiheit**
  Achte darauf, dass dich nichts und niemand vom Schreiben ablenkt.

- **Unterbreche das Schreiben nicht**
  Schreibe ohne Unterbrechungen,

37

dann hast du die höchste
Produktivität. Nach Bildern oder
Links kannst du auch danach
noch suchen.

- **Ohne Editieren schreiben**
Vernachlässige beim Schreiben
Rechtschreibung und Grammatik.
Du kannst das am Ende noch
überprüfen.

- **Verwende die** Pomodoro-Technik
beim Schreiben
Stelle deinen Wecker auf 30
Minuten. Arbeite nur solange.
Dann mache eine kleine Pause
und nutze diese so, dass du
aufstehst, dich denkst und
streckst. Gehe auch ein wenig an
die frische Luft. Dann schreibe
wieder 30 Minuten weiter.

- **Persönlicher Schreibstil**
Adressiere dein Ebook an deinen
Leser, da du ja ihn erreichen
möchtest. Verwende dabei die

Wörter: ich, du, mich, dich, dein
sowie mein. Baue gerne auch
Metaphern und Sprüche in deinen
Text ein. Achte darauf, die
Unterhaltung mit dem Leser so
lebhaft wie möglich zu gestalten,
damit dein Ebook nicht langweilig
wirkt.

- **Klare Schreibweise**
  Verwende einfache und klare
  Sätze. Dein Leser wird sie gut
  verstehen. Verzichte auf einen
  Jargon.

Anschließend musst du dein Ebook
polieren. Lies dir dein Ebook noch
einmal durch und achte dabei auf
folgende Fragen:

- Wurde ein Thema öfter
  angesprochen?
- Gibt es Informationen, die noch
  fehlen?

- Kann ich eine Verbesserung der Struktur erzielen?

Korrigiere dann dein Ebook das erste Mal. Lies deinen Text laut vor. Auf diese Weise erkennst du, ob der Text persönlich, lebendig, flüssig und unterhaltsam ist. Kümmere dich nun um die Bilder und Links. Beachte hierbei die Lizenzbestimmungen. Danach musst du das Layout gestalten.

Beachte hierbei folgende Punkte:

- Verwende eine lesbare Schriftgröße (12-14px)
- Nehme eine einfache Schriftart (Times New Roman oder Arial)
- Wähle eine bis zwei Farben aus, die dir gefallen
- Setze ausreichend lockere Abstände
- Verwende genug Absätze
- Verwende unnummerierte und nummerierte Listen

Versehe deinen Text mit einem Vorwort, einer Gliederung, einem Text über den Autor sowie einem Cover. Das Cover kannst du entweder selber erstellen oder durch einen Anbieter wie Ebozon oder über machdudas.de gestalten lassen. Hierzu empfehle ich dir ganz klar mit professionellen Designern zu arbeiten. Ein gutes Cover kostet dich zwischen € 15,- und € 20,- doch es entscheidet über den Erfolg. Dabei solltest du immer daran denken, es gibt keine zweite Chance für den ersten Eindruck! Damit möchte ich dir einfach sagen, dass du beim Cover unbedingt größten Wert auf Professionalität legen solltest und keinesfalls sparen darfst.

Danach ist es Zeit, deinen finalen Entwurf zu erstellen. Gehe folgende Fragen durch:

- Bietet mein Ebook anderen Menschen Hilfe?

- Spricht es die gewählte Zielgruppe an?
- Habe ich mein Thema gut ausgewählt?
- Wurde ein Thema öfter angesprochen?
- Gibt es noch fehlende Informationen?
- Ist die Struktur noch verbesserungswürdig?
- Stimmt die Grammatik?
- Passt die Rechtschreibung?
- Habe ich irgendwo Wörter oder Buchstaben ausgelassen?
- Ist das Layout zu meiner Zufriedenheit gestaltet?
- Finde ich das Ebook gut?

Kannst du diese Fragen mit ja beantworten? Dann hast du dein Ziel erreicht. Wenn du magst, kannst du auch einen Lektor für die Korrektur beauftragen. Wandle das Dokument dann in PDF oder ePub um.

Gratuliere, dein Werk ist fertig und du bist endlich stolzer Autor eines Ebooks. Ob du ein kostenloses Ebooks anbietest oder ein kostenpflichtiges, die Regeln sind dieselben.

Ghostwriter

Du musst dein Buch natürlich nicht zwangsläufig selbst schreiben. Für diesen Job gibt es die Ghostwriter. Ghostwriter sind Menschen, die mit dem Schreiben von Texten ihr Geld verdienen und dabei oft ihr Leben genießen.

Wir haben nun besprochen, dass du dein Buch nicht unbedingt selber schreiben musst, denn dafür gibt es Menschen, die das einerseits extrem gut können und andererseits dabei wesentlich schneller sind. Es handelt sich um sogenannte Ghostwriter. Das könne Schüler, Studenten, Weltenbummler, Pensionisten, Lehrer aber auch Anwälte oder Unternehmer sein. Ich hatte bereits allen möglichen Berufsgruppen als Ghostwriter zu tun. Das Schöne daran ist, dass diese Ghostwriter meist über sehr viel Lebenserfahrung und eine komplett offene Weltanschauung verfügen.

Darum ist es auch sehr spannend mit ihnen zu sprechen bzw. über verschiedene Dinge zu diskutieren.

Wenn du deine Nische gefunden hast dann kannst du bereits einen Ghostwriter beauftragen dir ein Buch zu schreiben. Es sollte meiner Empfehlung nach mindestens 8.000 Wörter haben – nach oben sind natürlich keine Grenzen gesetzt bzw. ist das eine Frage, wieviel du für ein Buch ausgeben möchtest. Bedenke hierbei allerdings stets, dass die Menschen immer weniger Zeit haben und ihr Problem so schnell wie möglich vom Tisch haben wollen!

Wo findest du Ghostwriter?

Es gibt diverse Plattformen, auf denen du Ghostwriter finden kannst. Achte immer, wenn du mit anderen Menschen in Kontakt trittst, auf deinen Ton. Speziell, wenn du mit Menschen zusammenarbeiten möchtest (und das willst du mit Ghostwritern definitiv) ist der zwischenmenschliche Umgang das A und O!

Sei in der Kommunikation klar und bestimmt und dennoch menschlich und vor allem mit Herz bei der Sache. Versuche nicht einen Menschen zu finden der deine Texte schreibt, sondern einen Freund.

Immer wenn ich so gehandelt habe als ginge es darum mein gegenüber zu meinem Fan zu machen hat es gut geklappt.

Hier findest Du eine kleine Übersicht an verschiedenen Möglichkeiten:

- ☆ https://www.machdudas.de
- ☆ https://www.textbroker.de
- ☆ https://www.upwork.com/
- ☆ https://www.ebay-kleinanzeigen.de/
- ☆ https://www.markt.de/
- ☆ http://www.texterjobboerse.de/
- ☆ https://www.content.de/
- ☆ uvm.

So könnte ein Post auf einer dieser Plattform aussehen:

AUFGEPASST!!
Bist DU auf der Suche nach einem
- seriösen
- langfristigen
- gut bezahlten Job?
- Möchtest du gerne mit
- 4-5 Stunden pro Woche
- bei freier Zeiteinteilung
- in Eigenverantwortung
- Geld dazu verdienen?

Dann bist Du hier genau richtig! Mein Name ist … und ich bin auf der Suche nach positiven Menschen die Lust haben zu beliebigen Themen wie Rezepten, Gesundheit, Ernährung, Persönlichkeitsentwicklung und ähnlichen Gebieten Texte zu schreiben.

Bist du interessiert? Dann schick mir gerne eine PN oder bewirb dich für eine Zusammenarbeit. Ich freue mich auf Deine Nachricht!

Wenn Du dann einen Ghostwriter gefunden hast, dann ist es clever, dass Du in einen guten persönlichen Kontakt mit ihm trittst. Ghostwriter sind „auch nur Menschen" und freuen sich, wenn Du freundlich und offen mit ihnen umgehst. Eine gute Idee ist es, dass Du vielleicht sogar telefonisch mit dem Schreiberling in Kontakt trittst. Dadurch erreichst Du mehr Verbundenheit und bist gleich auf einer komplett anderen Gesprächs- und Beziehungsebene mit dem Ghostwriter.

Solltest Du dann in der Verhandlung sein, ist es sinnvoll, dass Du über einen Werkvertrag mit dem Schreiber nachdenkst. Die meisten übergeben Dir schriftlich mit der Lieferung des Textes die Rechte. Falls dies jedoch nicht der Fall sein sollte, haben wir für Dich eine Vorlage als Beispiel:

Beispiel für einen Werkvertrag zwischen
Ghostwriter und Selfpublisher:

Max Mustermann
Musterstraße 1
123456 Musterhausen

Musterhausen, 01. Jänner 1990

Betrifft: Werkvertrag

Mit Annahme des Werkvertrags stimmt
der Werkunternehmer (Ghostwriter) zu,
die Namensrechte, die Nutzungsrechte
und die Urheberrechte an dem
geschuldeten Werk (Buch) mit der
Bezahlung auf den Werkbesteller
vollumfänglich zu übertragen.

Außerdem stimmt der Werkunternehmer zu, im Falle eines Plagiats oder einer Markenrechtsverletzung den Schadenersatz an Dritte zu übernehmen.

Mit freundlicher Kenntnisnahme

Ghostwriter   Werkbesteller

(Name des Ghostwriters)   (Dein Name)

Wo findest du das Wissen für die Themen?

Wenn du ein eigenes Ebook schreiben willst, brauchst du zunächst ein Thema. Das erstbeste Thema zu wählen, das dir einfällt, ist keine gute Idee, denn der Erfolg ist ausschlaggebend vom Thema. Wenn du gleich die erstbeste Idee nimmst, verschenkst du einiges an Potential, denn nur weil du das Thema liebst, heißt es noch lange nicht, dass Leser das genauso tun. Die Folge daraus ist, dass dein Ebook nicht gelesen wird und du umsonst viel Energie und Zeit in das Projekt investierst. Trage deshalb so viele Themen zusammen wie möglich. Je mehr Ideen du hast, umso besser. In diesem Abschnitt wollen wir dir zeigen, wie du am besten ein Thema und anschließend das dazu gehörige Wissen für die Themen findest.

Damit du ein geeignetes Thema findest, kannst du folgendes machen:

- **Brainstorming**
  Schreibe alles auf, das dir an möglichen Themen einfällt. Ziehe dir gerne als Hilfe einen Freund oder ein Familienmitglied zu Rate.

- **Fragen**
  Achte auf Fragen von Besuchern, Internetusern oder Besuchern. Sie können gute Ideen für dein Ebook liefern. Wo offene Fragen existieren, werden nämlich Antworten gebraucht.

- **Probleme**
  Probleme anderer Menschen gelten als „Goldgrube" für Ebook Themen. Betroffene haben Interesse an einer Lösung und zahlen dafür gerne auch Geld.

- **Wünsche**
  Eine ebenso gute Quelle für dein
  Thema sind Wünsche.

- **Trends**
  Aktuelle Trends und
  Entwicklungen stellen auch eine
  gute Grundvoraussetzung für
  Ebook-Themen dar.

- **Interesse**
  Vernachlässige ebenfalls deine
  eigenen Interessen nicht. Daraus
  kann sich auch ein Thema
  ergeben.

- **Erfahrungen/ Geschichte**
  Deine eigenen Erfahrungen
  eignen sich besonders gut für ein
  Ebook, weil du hierbei deine
  eigene Geschichte erzählen
  kannst.

Im ersten Schritt solltest du also viele Ebook-Ideen sammeln. Mache nicht den Fehler, welcher vielen Anfängern gerne passiert: das Fehlen von Spezialisierung. Viele haben Angst, zu wenige Interessenten zu finden und schreiben daher lieber über einen größeren Themenbereich. In der Folge erreichen sie niemanden wirklich, weil die Informationen allgemein bleiben und nichts Besonderes geliefert wird. Entscheide dich daher für speziellere Themen.

Im Folgenden findest du einige gut versus schlecht Beispiele:

Schlecht: Mit einer Webseite Geld verdienen
Gut: Mit Affiliate-Links Geld verdienen

Schlecht: Urlaubstipps für den Winter
Gut: Perfekter Urlaub mit Kindern in Berlin

Schlecht: Tipps zum Abnehmen
Gut: Tipps zum Abnehmen für
Büroangestellte mit Fruchtshakes

In der Folge wird die Zielgruppe zwar
kleiner, dennoch wird diese häufig
besser erreicht und dein Ebook ist im
Vergleich zu jenen der Konkurrenz
besonders.

Ist das Thema festgelegt, geht es an die
Arbeit, das Wissen darüber zu
recherchieren. Hier kannst du dich
verschiedener Mittel bedienen.
Diese sind:

- **Bibliotheken**
  Nutze Bibliothekskataloge, damit
  du Buchtitel zu deiner Idee
  findest. Du kannst diese dann in
  deiner Bibliothek ausleihen.
  Beispiele sind: Katalog des
  Gemeinsamen
  Bibliothekverbundes, Deutsche

National Bibliothek und Worldcat. Der Vorteil hiervon, ist gleich wie bei Zeitschriften, dass es sich um sichere Quellen handelt. Der Nachteil liegt darin, dass die Suche einige Zeit in Anspruch nimmt und du vorher nicht weißt, ob das Buch auch die Informationen enthält, die du suchst.

- **Zeitschriften**
  Hier findest du Tagungsberichte, Aufsätze sowie Artikel zu allen möglichen Themen. Zugang zu mehr als 55.000 Online-Zeitschriften aus diversen Fachgebieten bietet die Elektronische Zeitschriftenbibliothek (EZB). Einige von ihnen kannst du online gratis lesen. Viele dieser Artikel kannst du auch über deine Bibliothek finden. Der Vorteil hier besteht darin, dass die Informationen und Studien meist

aktueller sind als jene in Büchern.

- **Internet**
  Verwende bei der Online-
  Recherche immer das Feld
  „Erweiterte Suche". So kannst du
  eine Eingrenzung der Ergebnisse
  erzielen. Google bringt nur 10%
  der Internet-Inhalte. Neben
  Google gibt es viele weitere
  Suchmaschinen mit je
  unterschiedlichen Vor- und
  Nachteilen. Wenn du
  Informationen auf akademischem
  Niveau finden willst, suche am
  besten über *Google Scholar*.
  Ebenso bietet
  WorldWideScience.org die
  Möglichkeit, wissenschaftliche
  Texte zu finden. Dabei werden
  auch spezielle Datenbanken,
  Papers sowie Multimedia-Dateien
  durchsucht. Willst du Bücher im
  Volltext finden, nutze *Google
  Books*. *Yippy* liefert dir
  Ergebnisse sortiert nach

Themenblöcken. *MetaGer* ist eine Meta-Suchmaschine. Hier kannst den Datenbestand vieler weiterer Suchmaschinen erforschen. Du kannst dabei selbst auswählen, welche Quellen durchsucht werden sollen. *Buzzsumo* sorgt dafür, dass du herausfindest, welche Themen häufig bei FacEbook, Twitter und anderen sozialen Netzwerken geteilt werden.

Der Vorteil der Recherche im Internet liegt in der Geschwindigkeit, mit der Informationen abgerufen werden können, sowie darin, dass du sehr viele Informationen findest. Der Nachteil besteht darin, dass Internetquellen häufig nicht so vertrauenswürdig sind. Weiter hast du hier die Aufgabe, zu selektieren, welche Informationen wichtig und welche unwichtig sind.

- **Interviews**

  Gut für dein Thema sind sicherlich auch Informationen von Experten, beispielsweise Ärzten, Polizisten, Historikern etc. Sammle hierfür zunächst deren Kontaktdaten. Du kannst sie zu deinem Thema befragen. Willst du die Lebensqualität von Menschen in deinem Ort erfassen, kannst du auch deine Nachbarn um ein Interview bitten. Verwende hierfür einen Fragenkatalog. Nehme das Interview auf und transkribiere dieses anschließend, damit du alle Informationen schriftlich vor dir hast.

- **Alternative Optionen**

  Nimm deinen Fotoapparat und gehe auf Reisen. Mache dir am besten dein eigenes Bild, um Ortsgefühle besser zu erfassen. Beantworte dann folgende Fragen: Wie recht es an diesem Ort? Wie sieht der Ort aus?

Welches Gefühl vermittelt die dort vorherrschende Atmosphäre? Beschreibe die Schauplätze, die sich dort befinden und vermittle deinem Leser das passende Gefühl.

Welche Art von Informationen du auch verwendest, vertraue bitte dem Internet nicht blind. Bleibe kritisch und hinterfrage, ob die Informationen der Wahrheit entsprechen. Achte darauf, ob mehrere Quellen dieselbe Information geben, dann ist die Wahrscheinlichkeit der Wahrheit höher. Nutze am besten immer Fachliteratur anstatt eigene Meinungen aus Foren, Blogs und Chats.

Als allgemeinen Ratschlag wollen wir dir mit auf den Weg geben, dass du kritisch bleiben sollst. Rankt eine Seite bei Google gut, oder hat diese eine seriöse Top Level Domain, bedeutet das noch nicht automatisch, dass die Seite seriöse Informationen liefert. Googlest du beispielsweise den Namen eines wichtigen Bürgerrechtlers und klickst du auf eine der zehn ersten Google-Ergebnisse, dann landest du auf einer .org Seite. Obwohl du davon ausgehen könntest, dass es sich dort um seriöse Informationen handelt, verrät das Impressum, dass der Inhaber der Webseite zu einer rassistischen Organisation gehört. Bleibe daher unbedingt stets kritisch.

Wo kannst du Ebooks vermarkten?

Die Herstellung von Büchern war noch nie so einfach wie heute, allerdings ist die Werbung für diese umso schwieriger. Es gibt viel Aufregung bezüglich Online- und Offline-Medien und der Versuch, Aufmerksamkeit zu erregen, stellt sicherlich eine Herausforderung dar. Die Veröffentlichung eines Ebooks ist ein Traum, der für jeden Autor wahr werden kann. Wenn du dein Buch endlich fertig hast, nimm dir bitte etwas Zeit zum Feiern. Denke aber daran, dass es noch mehr Arbeit zu erledigen gibt: die Vermarktung.
Um dein Ebook möglichst publik zu machen, brauchst du etwas Geduld, einen Plan und einige kreative Ideen.

Da die Reichweite extrem wichtig ist arbeiten wir mit Amazon. Es gibt verschiedene Anbieter, über die du Ebooks veröffentlichen kannst Amazon ist jedoch weltweit der größte und Jeff Bezos hat sein Imperium genau damit aufgebaut. Darum ist es auch clever direkt dem größten Anbieter zu arbeiten, denn hier sind natürlich auch die meisten potenziellen Kunden.

Übrigens, die Begeisterung für Ebooks ist in den letzten Jahren enorm gestiegen und die Absatzzahlen sind in die Höhe geschnellt. Allein im deutschsprachigen Raum wurden im Jahr 2018 über 350.000 Ebooks verkauft!

Hier sind neun Ideen, die dir den Einstieg erleichtern:

1. Bringe dein digitales Erscheinungsbild in Ordnung
Bevor du damit anfängst, dein Buch zu bewerben, stelle sicher, dass du eine Website und einen Blog sowie einige Social-Networking-Profile hast. FacEbook und Twitter sind am

beliebtesten, aber für einige Bücher kann LinkedIn oder Pinterest besser passen. Stelle sicher, dass du jeden Tag eine gewisse Zeit einplanst, um mit Menschen in Kontakt zu treten. Du musst eine Investition in deine Karriere und deine Marke tätigen. Heutzutage bedeutet diese Investition, das ganze Jahr über eine digitale Marketingstrategie zu haben.

2. Blog

Ich weiß, dass bloggen viel Zeit in Anspruch nimmt und die meisten der Kunden fragen sich, warum sie es tun sollten. Der erste Grund ist, dass es das Besucheraufkommen auf deiner Website erhöht. Die zweite ist, dass, wenn Leser deinen Blog lesen, dich als einen Experten auf deinem Gebiet sehen oder dass deine Arbeit unterhaltsam ist. Sobald Vertrauen oder Interesse hergestellt ist, werden die Leser mehr Inhalte von dir erwarten - vor allem, wenn sie den Wert sehen, den du kostenlos anbietest.

3. Vergebe einen Erscheinungstermin

Viele Autoren und Unternehmen, die ein Ebook veröffentlichen, betrachten den Tag, an dem das Buch auf Buchhändlerseiten veröffentlicht wird, als Veröffentlichungsdatum. Dies ist keine gute Idee, da dies für einen frustrierenden Start sorgen wird. Du wirst anfangen, nach Downloads zu suchen, bevor du überhaupt viel Werbung gemacht hast. Um deinem Buch den besten Start zu geben, nenne einen Veröffentlichungstermin, der sechs bis acht Wochen nach dem Verkaufsstart des Buches liegt.

4. Rezensionen sind unerlässlich

Um Rezensionen von Online- (Blogs/Websites) und Offline-Medien (Zeitungen/Magazine) zu sichern, musst du ihnen "Rezensionsexemplare" schicken. Bei Ebooks kannst du diesen PDFs deines Buches schicken oder ihnen Promo-Codes geben, die von einigen Buchhändlern zur Verfügung gestellt werden.

5. Kostenlos verschenken

Um die Leser anzuziehen, solltest du eventuell darüber nachdenken, einen Auszug aus deinem Buch zu verschenken. Je nach Inhalt deines Ebooks kannst du auch eine Ratgeberliste, ein lustiges Quiz oder eine überzeugende Lösungsstrategie verschenken. Indem du etwas kostenlos verschenkst, zeigst du den Wert deiner Inhalte. Füge deinem kostenlosen Kapitel oder Inhalt einige Empfehlungen hinzu, um die Leute zum Kauf des gesamten Ebooks zu ermutigen. Stelle sicher, dass der kostenlose Inhalt, den du anbietest, einen Wert an sich hat und nicht nur eine Zusammenfassung dessen ist, worum es in deinem Ebook geht. Die Wertschöpfung macht die Kaufentscheidung verständlich.

6. Begeisterung erzeugen

Schaffe etwas Begeisterung für dein

Ebook, indem du in deinem sozialen Netzwerk darüber sprichst. Zu lernen, wie du deine Marke aufbaust, das Engagement steigerst und bei Pinterest, FacEbook, Twitter und LinkedIn aktiv zu sein, wird ein wichtiger Aspekt bei der Vermarktung deines Ebooks sein. Sprich einige Wochen, bevor du mit deinem Ebook bist, darüber, was das Besondere daran ist und lass die Leute wissen, dass du eine offizielle Ebook Launch Party veranstalten wirst, bei der du etwas Besonderes anbieten wirst, wie einzigartigere Inhalte, vielleicht einen Geschenkkorb oder signierte Kopien. Es ist eine Möglichkeit, die Menschen in deinem Netzwerk zu begeistern. Denke nur daran, keine 24/7 Promo-Maschine zu sein.

7. Ein Video erstellen

Die Leute lieben YouTube. Und die Menschen lieben es, die Autoren hinter den großartigen Inhalten zu kennen. Mache ein kurzes Video, um vor der Kamera über die Möglichkeiten zu sprechen, wie dein Ebook anderen Menschen helfen kann. Sprich über die Vorteile deines Ebooks in deinem Video und zeige dann am Ende deines Videos einen Link zu deinem Ebook. Teile dein Video auf deinem YouTube-Kanal, mit einem Beitrag auf FacEbook, LinkedIn und twittere den Link. Du kannst dein Video wiederholt als Marketinginstrument verwenden, indem du die Inhalte, welche du zusammen mit der Video-URL veröffentlichst, ändern.

8. Popup-Fenster anklicken

Website-Popups können verwendet werden, um alle Arten von Inhalten auf deiner Website und deinem Blog zu fördern, einschließlich Ebooks. Du kannst Exit-Popups verwenden, um potenzielle Interessenten auf ihrem Weg nach draußen zu erfassen, Eingangs-Popups, um sie bei ihrer Ankunft zu ergreifen, oder ein Scroll- oder zeitgesteuertes Popup, während sie die Seite durchsuchen und nach unten lesen. Jedes dieser Popups ist eine großartige Promotion-Technik, aber unser Lieblings-Popup für Ebooks ist das Klick-Popup. Ein Klick-Popup wird aktiviert, wenn ein Besucher auf einen bestimmten Link, ein Bild oder ein Wort klickt. Platziere Klick-Popups oben oder unten in deinen Blog-Artikeln, in der Seitenleiste deines Blogs und auf verschiedenen Seiten deiner Website.

9. Gastbeiträge

Das Schreiben von Inhalten und das Erbringen von Beiträgen in anderen Blogs sind eine weitere großartige, wenn auch unzureichend genutzte Möglichkeit, um dein Ebook zu bewerben. Viele Menschen erkennen nicht die Möglichkeit, ihren Namen als Gastposter im Internet zu verbreiten.

Erreiche andere Blogs oder Websites, deren Zielgruppe deinem Zielmarkt entspricht. Um dein Ebook zu fördern, wähle ein Blog-Thema ähnlicher Art. Innerhalb deines Artikels, in der Zusammenfassung oder in deiner Autorenbiographie kannst du vorschlagen, dass Leser mehr über das Thema erfahren, indem sie dein Ebook herunterladen und lesen.

Die Vermarktung von Büchern ist heutzutage keine leichte Aufgabe. Es braucht Zeit, Fachwissen, Kreativität, Flexibilität und Geduld. Die Faustregel ist, dass du planen solltest, dein Buch so lange zu bewerben, wie du gebraucht hast, um es zu schreiben. Nicht alle Ideen werden für dich funktionieren und nicht alle Ideen werden Umsätze generieren, aber wenn du dich an eine langfristige Strategie hältst, wirst du eine Beziehung zu deinen Lesern aufbauen, die wichtiger als alles andere ist.

Profitable Nischen

Du möchtest mit dem Schreiben von
Ebooks Geld verdienen? Dann will ich
dir nun zeigen, wie du profitable Nischen
für dein Ebook findest und ein passives
Einkommen aufbaust.
Passives Einkommen gibt es per se
eigentlich gar nicht. Dazu sei gesagt,
dass erst immer eine Handlung getätigt
werden muss, um am Ende einen
Rückfluss zu erwirken. Das wird
umgangssprachlich dann passives
Einkommen genannt.

Erhöhe die Verkaufswahrscheinlichkeit,
indem du die Weichen richtig stellst.
Dazu gehört das Finden einer lukrativen
Nische.

Nischenfindung bzw. Nischenanalyse
kannst du auf unterschiedlichen Wegen
betreiben. Du kannst manuell die
Nischen durchsuchen und auf diesem
Weg wie unten beschrieben einfach

Amazon durchstöbern oder du wählst die einfache Methode und holst dir dafür ein geniales Tool.

Grundsätzlich bin ich kein Freund davon viele verschiedene Tools zu kaufen, doch KDSPY ist im Ebook-Business unerlässlich.

Hier kannst du dir KDSPY holen: philipp-schartner.com/kdspy

Dieses Tool kostet einmalig ca. $ 50,- und ist jeden einzelnen Penny wert, denn damit erleichterst du dir nicht nur die Nischenanalyse.

Als ich mit dem Ebook-Business gestartet bin hatte ich keine derartigen Hilfen und habe für eine gute Nische durchaus mal bis zu einer Stunde herum gesucht. Danach ging es an die Keywords und den Titel dann war mehr als eine Stunde Zeit vergangen. Dabei konnte ich noch nicht mal sicher sein ob die Nische auch profitabel für mich ist. Aspekte wie zum Beispiel, dass Verlage oder Bücher mit mehreren hundert Rezensionen in der Nische sind können dafür sorgen, dass es keine realistische

Möglichkeit gibt hier Umsätze zu erzielen.

Darüber hinaus ist KDSPY so wertvoll, weil du damit auch die besten Keywords in der sogenannten „Wordcloud" verarbeitet bekommst. Diese werden sogar mit der Anzahl der Klicks versehen!

Bestsellerlisten anschauen

Bestimmt gibt es Themen, für die du dich besonders interessierst. Welchen Beruf hast du gelernt? Was sind deine Hobbys? Oder gibt es wichtige Themen, mit denen du durch deinen Partner, deine Kinder oder sonstige Menschen in deinem Umfeld konfrontiert wurdest? Es ist unbedingt notwendig, dass du dich mit deiner Thematik wohlfühlst, denn du wirst dich einige Zeit lang mit ihr auseinandersetzen. Müsste ich ein Ebook über Chemie, Physik oder Mathematik schreiben, verginge mir wahrscheinlich schon nach zwei Tagen die Lust am Weiterschreiben. Um eine profitable Nische zu finden, schaust du dir am besten die Bestsellerlisten an. Gibt es dort Themen, die dich auf Anhieb interessieren? Stöbere bei den Verkaufsschlagern oder nehme eine Beschränkung von unterschiedlichen Rubriken vor. Allgemein beliebt sind Ebooks zu den Themen Diät, mehr Geld, Beziehung und Gesundheit. Wenn du dich dazu entscheidest, hierzu ein Ebook zu schreiben, führst du die Lösung eines Problems von deinen Lesern herbei. Orientiere dich an folgender Aussage: Je mehr Leidensdruck Betroffene haben, umso größer ist die Wahrscheinlichkeit, dass sie dein Buch lesen, um die Lösung zu bekommen. Suche dann beispielsweise bei Amazon über die Suchmaske nach einem Begriff. Der Shop zeigt dir dann Keyword-Kombinationen an. Mit Long-Teil-Keywords steigt deine Chance, eine Nische zu finden, die noch unbesetzt ist. Teste einige und schaue, welche Menge an Ebooks du angezeigt bekommst. Erscheint zum Beispiel ein Ratgeber zum Thema Yoga in den Top 100, dann durchsuche den Shop nach ähnlichen Keywörtern, denn das Thema scheint interessant zu sein. Suche beispielsweise nach Entspannungsübungen oder Mediation. Konntest du eine Nische ausfindig machen, dann finde heraus, ob es sich lohnt, das Ebook zu schreiben. Im Folgenden zeigen wir ein Beispiel, wie du vergleichen kannst:

Stelle dir vor, du bist Krankenschwester und möchtest ein Ebook über eine Krankheit verfassen. Zum Beispiel willst du über die Grippe schreiben, da viele Menschen mehrmals im Jahr davon betroffen sind. Recherchierst du in der Rubrik Kindle den Begriff Gruppe, erscheinen 53 Ergebnisse bei Amazon – ein hervorragendes Ergebnis. Es gibt lediglich 53 mögliche Konkurrenten. Schreibst du über einen Ratgeber zum Thema Glück, hast du es hingegen mit 2.660 Konkurrenten zu tun. Schaue dir anschließend die Ebooks an. Als erstes erscheint bei Amazon „Gruppe: Zombie Roman. Dies ist jedoch nicht deine Zielgruppe. Im Anschluss wird ein Ratgeber zum Thema Grippe angeboten, dann erneut ein Roman über Zombies.

Stelle dir nun im Zusammenhang mit dem Ratgeber zum Thema Grippe folgende Fragen:

- **Welche Anzahl an Bewertungen erhielten die anderen Autoren?** Zahlreiche Menschen achten auf die Bewertungen. Ist die Zahl höher als fünf, ist es fast nicht möglich, hier mit deinem Erstwerk anzukommen. Wenn du viele Ebooks schreibst, hast du ein Netzwerk und erhältst schneller Bewertungen, zu Beginn ist dies jedoch schwierig.

- **Wie hoch ist der Preis?** Bist du Selbstpublisher, solltest du einen Preis von drei bis vier Euro verlangen, nicht mehr. Gibt es nur eine geringe Anzahl an Ebooks zu dem Preis beziehungsweise sind die anderen teurer, dann könnte dies ein positives Ergebnis für dich bedeuten. Dein Verdienst liegt bei einem Verkaufspreis von 3,99 € bei ungefähr 2,30 € pro Stück.

- **Wie viele Seiten umfassen die Ebooks der Konkurrenz?** Passe deine Seitenzahl unbedingt an die deiner Konkurrenten an oder biete, im Fall, dass du weniger Seiten schreibst, auf jeden Fall einen niedrigeren Preis an. Dehne dein Ebook aber auf keinen Fall mit unnötigem Inhalt aus. Die Leser würden das bemerken und eine negative Bewertung hinterlassen. Je nach Nische, ist es möglich, auch mit wenigen Seiten einen großen Erfolg zu erzielen.

- **Welchen Rang haben die Ebooks in der Liste der Bestseller?**
Der Verkauf eines Ebooks gilt als sehr gut, wenn sich das Werk unter den ersten 1.000 Produkten befindet. Dann handelt es sich um eine gefragte Nische. Dies kann eine positive Wirkung auf dein Ebook haben. Befinden sich die Ebooks unter dem Rang 10.000, läuft entweder die Nische nicht gut, oder die verfassten Ebooks sind schlecht. Schaue dir die Bewertungen an und beachte die Kritik. Wenn dort steht, was die Leser stört, kannst du diese Mängel mit deinem Buch ausgleichen, indem du es anders machst.

Untersuche die Ebooks von anderen Autoren im Hinblick auf die oben genannten Punkte und schreibe die Ergebnisse auf. Zwar gibt es auch bei

Beachtung aller Tipps keinen garantierten Erfolg, dennoch erhöht sich die Wahrscheinlichkeit für eine profitable Nische. Bereite dich deshalb unbedingt gut vor. Halte dir stets dein Ziel vor Augen und bewahre dein Durchhaltevermögen. Dann wirst du schon bald eine Nische finden, welche erste Erfolge einbringt. Denke daran: Als mehrere Verlage sich weigerten Amanda Hockings Romane zu drucken, nahm sie das Verlegen selbst in die Hand und veröffentlichte ihr eigenes Ebook und verkaufte mehr als 8 Millionen Exemplare. Das kannst auch du schaffen!

Wenn du Ebook Autor werden möchtest, dann beachte, dass folgende Kategorien im Allgemeinen profitable Nischen sind:

- Ratgeber
Menschen aus aller Welt interessieren sich für die Lösung ihrer Probleme. Sicher kannst auch du aufgrund deiner

Erfahrungen jemandem helfen. Wenn andere Menschen Probleme und Herausforderungen haben wissen wir doch meist die Lösung sofort, wahr oder wahr?

Bestimmt hast auch du bereits irgendeine Sache, ein Problem in deinem Leben gelöst, das extrem herausfordernd war und vor dem viele andere Menschen noch stehen? Darin bist du also bereits Experte und kannst anderen dabei helfen!

- Kochen & Genießen

Zu dieser Kategorie zählen vegetarische und vegane Küche, unterschiedlichste Rezeptbücher , bestimmte Ernährungspläne, Food Trends, Themen Kochbücher, Ratgeber und Führer für unterschiedliche Ernährungsformen, Ratgeber für Genießer oder auch Genuss Regionen usw.

Das Beste an der ganzen Rezepte- und Kochnische ist, dass es für den größten Teil der Rezepte keine veröffentlichungsrechtlichen

Schwierigkeiten gibt. Rezepte wie zum Beispiel ein Wiener Schnitzel werden auf der ganzen Welt gleich zubereitet. Darum ist es natürlich in den Rezeptbüchern auch nahezu exakt gleich angegeben. Diese Nische und all ihre Unternischen eignet sich hervorragend, um die ersten Schritte zu versuchen und sich einfach mal auszuprobieren.

- Business & Karriere

Dort befindet sich alles, was mit Karriere, Persönlichkeit, Zeitmanagement und Selbstorganisation zu tun hat. Menschen streben danach, ihr Leben und ihre Zeit besser zu gestalten, sich selbst weiterzuentwickeln sowie Karriere zu machen. Außerdem sind sehr viele Menschen auf der Suche nach sich selbst und daher für spirituelle oder auch esoterische Themen sehr offen. Diese beiden Unterkategorien würde ich hier auf jeden Fall noch mit einfließen lassen.

- Börse & Geld

Hier schreiben Autoren darüber, wie Menschen ihr Geld vermehren können, es an der Börse anlegen oder ihre Schulden loswerden. In den letzten Jahren haben sich die Möglichkeiten hier in Richtung kryptischer Währungen und Daytrading Systemen extrem erweitert. Das ist mittlerweile nahezu ein eigener Wirtschaftsfaktor geworden auf Basis dessen etliche Literatur entstanden ist.

- Sport & Fitness
In dieser Kategorie geben Autoren Tipps für das in Form bringen des Körpers. Hier kannst du dich in den unterschiedlichsten Unterkategorien wie zum Beispiel Muskelaufbau platzieren.

- Computer & Internet
Hier verkaufen Autoren Anleitungen zu speziellen Geräten. Ich konnte es selbst nicht fassen, doch Menschen suchen sogar nach Anleitungen wie man ein Fernsehgerät richtig montiert.

-

Freizeit, Haus & Garten

In dieser Kategorie finden Leser Tipps für den Haus- und Gartenbau, Witzebücher oder Fußballersprüche. Ebenso werden Tipps gegeben, wie man sein Leben entmüllt.

Entscheidest du dich für eine dieser Kategorien, ist die Chance groß, dass dein Ebook von vielen Menschen gelesen wird.
Wie bereits angeschnitten sind in den jeweiligen Nischen noch zahlreiche kleinere Unternischen zu finden. In diesen Unternischen ist oft weniger Mitbewerb und dein Buch kann leichter zu einem Bestseller werden bzw. einen besseren Verkaufsrang erreichen.

Wichtige Infos

Um wirklich hohe Erträge zu erzielen, empfiehlt es sich, mehrere Ebooks zu verfassen. Stell es dir wie folgt vor: Schreibe 15 Ebooks und verkaufe sie zu jeweils 2,99 Euro. Wenn sich diese pro Tag zehnmal verkaufen, verdienst du täglich ca. 300 Euro. Im Monat wären das 9.000 Euro. Dafür benötigst du nicht einmal einen Bestseller. Dieser wird ohnehin überschätzt. Dir muss nur gelingen, zahlreiche Werke in den Top 1.000 zu platzieren. Nutze dazu die im nachstehend beschriebenen Strategien.

- **Nischentitel schreiben:** Damit dein Buch in den Top 1.000 bleibt, darfst du nicht in den Genres Thriller/Krimi, Humor oder Fantasy schreiben, da dort zu viele Produkte gelistet sind. Schreibe lieber einen Ratgeber, der sich mit der Lösung eines Problems befasst.

- **Schreibe schnell:** Hoffe nicht darauf, dass dein Buch ein Bestseller wird. Bis ein Buch ganz oben steht, bedarf es viel Glück und Geduld. Stelle ein Ebook innerhalb von einem bis zwei Monaten fertig. Dein Ebook braucht keine 300 Seiten, 100 Seiten reichen völlig aus.

- **Beauftrage andere, dir zu helfen:** Vermutlich kannst du gut schreiben. Bist du auch so gut im Lektorieren, Gestalten und Layouten? Viele sind das nicht. Du benötigst ein professionelles Cover, einen lektorierten Text und ein technisch fehlerfreies Ebook. Wenn du dich dieser Aufgabe nicht gewachsen fühlst, kannst du sie an Spezialisten übergeben. Ein Cover kostet ca. 15-20 Euro, das Lektorat bekommst du ab 2 Euro je 1.000 Wörter. Die Gesamtinvestition liegt also unter 400 Euro.

Wie kannst du dein Ebook verkaufen?

Damit du mit deinem Ebook Geld verdienen kannst, hast du verschiedene Möglichkeiten. Beispielsweise kannst du es auf diversen Plattformen verkaufen. Hierfür stehen folgende zur Auswahl: BOD, Ebozon, XinXii, ePubli, Amazon-Kindle-Store, digistore 24.

Alternativ dazu kannst du dein Ebook auch selber verkaufen. Ebooks selber verkaufen, wenn du nicht auf einen Dritt-Anbieter zurückgreifen möchtest. In diesem Fall hast du jedoch mehr Aufwand als bei der anderen Variante. Du sparst dir zwar einerseits die Verkaufsgebühr, was bedeutet, dass dir statt 30 % 100 % des Verkaufspreises ausgezahlt werden. Weiter kannst du den Verkaufsprozess komplett kontrollieren und Änderungen rasch umsetzen. Ebenso ist das Optimieren leichter, da das Tracken und Verkaufsprozessänderungen selbständig umgesetzt werden können. Allerdings muss die Technik selbst übernommen werden, bei Problemen musst du rasch reagieren und du benötigst das Knowhow für die Optimierung. Vergiss auch die Verwaltung nicht. Du musst dich um Rückgaben, Abrechnung und Meldung der Umsatzsteuer sowie Support selber kümmern. Dieser Aufwand wird oftmals unterschätzt. Weiter musst du dich mit rechtlichen Anforderungen auseinandersetzen, wenn du einen eigenen Shop betreiben möchtest und für die Umsetzung der Änderungen sorgen. Du hast die Möglichkeit, dein Ebook ohne Tools auf deiner eigenen Homepage zum Verkauf anzubieten. Alles, was du brauchst, sind ein PayPal Button sowie eine Checkbox, die der Widerrufsbelehrung dient. Damit kannst du deine Ebooks rasch und einfach verkaufen, ohne dass du einen enormen Aufwand hast. Benutzt du WordPress, kannst du Shop-Plugins auswählen. Alternativ dazu kannst du auch einen eigenen Online-Shop mit eigener Shop-Software aufbauen. Wenn du dich für diese Varianten entscheidest, musst du deinen kompletten Traffic selber generieren, die oben genannten Plattformen hingegen generieren diesen teils schon selber.

Taschenbücher:

Taschenbücher sind der absolute Umsatzmultiplikator und werden Dein Business zum Fliegen bringen. Wenn Du bereits ein Ebook veröffentlicht hast, hast Du den Text und kannst natürlich aus Deinem Text wesentlich mehr machen. Bei Taschenbüchern kommt es darauf an, dass Du ein geniales Cover hast und dass es gut in der Haptik ist. Das heißt, dass es mindestens 10.000 Wörter hat. Taschenbücher sind aktuell gefragter als Ebooks und werden Dir definitiv mehr Umsatz einbringen, weil sie auf dem Markt mehr Geld kosten.

Taschenbücher kosten in den aller meisten Fällen auch mehr als Ebooks. Der größte Vorteil bei Taschenbüchern im Vertrieb über Amazon liegt vermutlich darin, dass Du weder vorab große Mengen an Büchern selbst kaufen musst, um sie Dir zuhause auf Lager zu legen noch hast Du mit dem Druck und dem Versand etwas zu tun.

Anfangs waren das ehrlich gesagt meine größten Ängste. Ich hatte Schiss, wie das in der Abwicklung funktioniert und ob ich das hin bekomme.
Heute kann ich Dir sagen, dass Du lediglich dafür Sorge tragen musst, dass Du Deine Bücher in schwarz/weiß bei Amazon hoch lädst.
Es ist schon faszinierend und überaus cool, dass wir einen Text, den wir einmal kaufen, für verschiedene Möglichkeiten verwenden können. Den Text, den Du für Dein Taschenbuch verwendest, den hattest Du davor nämlich bereits als Ebook heraus gebracht.

Lediglich die Formatierung bei Taschenbüchern ist etwas anders als bei Ebooks.
Worauf Du auf jeden Fall achten solltest

sind Bilder. Du wirst Dich jetzt vielleicht fragen wie ich damit meine?

Nun ja, wenn Du Bilder mit in Dein Buch einfließen lässt, dann hast Du automatisch höhere Produktionskosten. Ich empfehle Dir die Bilder weg zu lassen, denn hierzu gibt es wesentlich bessere und interessantere Möglichkeiten!

Wenn du mit Ebooks 2,99 Euro pro Verkauf hast liegt ein Taschenbuch in der Regel bei rund 9,99 Euro. Du hast also bei demselben Aufwand ein Vielfaches mehr an Umsatz in der Tasche.

Bei Taschenbüchern brauchst du zusätzlich zu dem Text und dem Cover auch noch einen sogenannten Teaser also eine Buchbeschreibung, die auf der Rückseite des Buches ihren Platz findet.

Der Teaser ist die Beschreibung und Zusammenfassung des Buchinneren, die auf der Buchrückseite zu sehen ist. Damit hast du die Möglichkeit den potentiellen Leser vom Kauf des Buches zu überzeugen. Versuche den Text als Geschichte zu erzählen, dadurch verkauft sich das Buch wesentlich besser.

Hier solltest du darauf achten, dass

- du eine Keyworddichte von 4-6% erzielst
- du die Bedürfnispyramide hoch und runter kommunizierst
- du dem Leser die wichtigsten Inhalte kurz und knapp zusammenfasst
- du ca. 170 bis 200 Textzeichen verwendest

Übrigens: Ghostwriter und virtuelle Assistenten übernehmen diesen Job oftmals ebenso. Dadurch kannst du problemlos einen zielgerichteten Teaser erstellen lassen, auch wenn du dir nicht zutraust diesen selbst zu schreiben.

Das Potential:

Bevor ich mit dem Ebook-Business gestartet bin habe ich natürlich erstmal den **Markt analysiert** und mich gefragt ob es hier genügend Potential gibt. Falls Du Dir jetzt die Frage stellst ob es für Dich und Deine Bücher genügend Potential gibt kann ich Dir ganz klar sagen, JA!

Lass uns mal schauen, was Wikipedia an Zahlen, Daten und Fakten zu Ebooks ausspuckt:

- ⋏ ca. 30 Mio. Jahresumsatz/Jahr
- ⋏ über 25 Mio. Verkaufte Ebooks 2018
- ⋏ Anstieg Verkäufe in den letzten 5 Jahren über 100%
- ⋏ wesentlich mehr Frauen
- ⋏ 350.000 Ebooks (Amazon DACH)
- ⋏ Tendenz klar ansteigend

Die 10 größten Fehler im Ebook-Business

Wenn du mit deinem Ebook Geld verdienen möchtest, musst du unbedingt folgende Fehler vermeiden:

1. **Falsches Thema:** Wähle kein Thema, nur weil es gerade angesagt ist. Achte unbedingt darauf, dass du auch Ahnung von diesem Thema hast und Interesse für dieses mitbringst.

2. **Keine Nachfrage:** Achte darauf, dass es eine Zielgruppe für dein Ebook gibt. Die Zahl der Interessenten muss groß genug sein. Probleme bieten sich am besten an.

3. **Fehlende Planung:** Starte nicht zu schnell mit dem Schreiben, sondern plane zuerst. Sonst gerätst du schnell ins Stocken

und dein Ebook hat keine übersichtliche Struktur.

4. **Fehlende Produktivität:** Anfangs haben die meisten Menschen viel Motivation. Diese lässt aber oftmals schnell nach, weil das Ebook Schreiben mit viel Arbeit verbunden ist. Setze dir deshalb Zwischenziele mit Terminen.

5. **Backups fehlen:** Führe regelmäßige Backups durch, damit dein Dokument nicht nach Wochen harter Arbeit plötzlich nicht mehr auffindbar ist, weil du dein einzig vorhandenes Dokument aus Versehen gelöscht hast. Mache sie am besten nach jeder Änderung, die etwas größer ist. Arbeite nicht jedes Mal im gleichen Dokument.

6. **Fehlende Lesbarkeit:** Beim
   Ebook Schreiben kann es zu
   Abschweifungen kommen. Dann
   erkennt der Leser keinen roten
   Faden. Versuche, dem zu
   widerstehen und dich an die
   Gliederung zu halten.

7. **Layout ist schlecht:** Achte auf
   Einheitlichkeit der
   Formatierungen. Sonst verliert
   der Leser den Überblick und
   bekommt ein Gefühl von
   Verwirrung.

8. **Kein Praxisbezug:** Lasse neben
   der Theorie auch einiges an
   Praxis in deinen Text einfließen,
   damit der Text nicht zu trocken
   wirkt. Denke zum Beispiel an
   eigene Erfahrungen, typische
   Fehler und dergleichen. So kann
   der Leser den Inhalt besser
   nachvollziehen,

das Gesagte selber testen sowie verinnerlichen.

9. **Mangelnde Qualität:** Achte darauf, dass das Ebook keine Rechtschreibfehler und dergleichen enthält, damit die Qualität nicht leidet, sonst gibt es eventuell negative Bewertungen und das Ebook wird nicht mehr gekauft.

10. **Fehlendes Verkäuferdenken:** Höre nach dem Schreiben nicht auf, dich um dein Ebook zu kümmern. Du musst wie ein Verkäufer denken, nicht wie ein Autor, um Erfolg zu haben. Dein Ebook braucht einen guten Titel und ein professionelles Cover. Außerdem musst du dich um die Vermarktung kümmern – vor allem online.

Ansonsten erfahren potentielle Käufer nichts von deinem Ebook. Dein Ebook muss zwingend bekannt gemacht werden.

Alle Fehler zu vermeiden, wird nicht möglich sein, weil jedes Projekt anders ist. Du musst darauf achten, die Balance zu finden. Unbedingt notwendig ist es, die Fehler zu vermeiden, die dem Erfolg im Weg stehen. Aus Fehlern lernt man und du wirst ein immer besserer Ebook Autor und Verkäufer. Versuche darauf zu achten, dass dein Ebook eine gute Qualität hat, einzigartig ist und ein akzeptables Preis-Leistungsverhältnis hat. Fange klein an. Schreibe zu Beginn nicht mehr als 80-100 Seiten und wähle ein spezielles Thema. Du kannst dieses trotzdem tiefgreifend behandeln. Damit steigt die Wahrscheinlichkeit, dass du es fertig schreibst und du schon bald deinen ersten Erfolgt haben wirst.

In meiner persönlichen Wahrnehmung ist der wichtigste Punkt, der über allem stehen sollte die Qualität. Die Kunden wissen es zu schätzen bzw. sind sie sauer, wenn die Qualität schlecht ist. Ja, es geht hier um keine großen Beträge, doch du willst vermutlich nachhaltig und langfristig ein passives Einkommen oder ein zweites Standbein aufbauen und genau aus diesem Grund solltest du die Kunden nicht verarschen, sondern das Prinzip des Mehrwert leben.

Um wirklich dauerhaft ein stabiles Einkommen zu erzielen ist es wichtig eine Fanbase aufzubauen. Eine Fanbase und zufriedene Kunden sind das A und O und werden dir zukünftige Buchlaunches wesentlich vereinfachen. Um deinen Fans deine Bücher und zukünftig vielleicht auch Produkte einfacher und übersichtlicher darzustellen bietet sich eine Autorenseite an.

Die Autorenseite ist neben Instagram und einer FacEbook-Fanpage der wichtigste Aspekt, um deine Stammkunden über neue Projekte zu informieren.

Die 3 großen Erfolgsgeheimnisse für Ebooks

Die 3 großen Erfolgsgeheimnisse für Ebooks sind der entscheidende Unterschied, wenn es um den Erfolg und die Qualität von Ebooks geht.

Mittlerweile weißt du schon, dass wir bei dem Businessmodell Ebooks in erster Linie von sogenannten Ratgebern sprechen. Diese Non-Fiction-Ratgeber lösen die Probleme und Herausforderungen von Menschen auf sehr einfache und gleichzeitig sehr effiziente Art & Weise.

Aus diesem Grund empfiehlt sich das Ebook-Business für den Start im Onlinebusiness ganz besonders. Mit der hundertfach getesteten Erfolgsmethode, die wir im #EBOOKSMARTSTART Videokurs vermitteln bekommt absolut jeder einen klaren Fahrplan an die Hand der kinderleicht umzusetzen ist.

Der #EBOOKSMARTSTART ist so

aufgebaut, dass du ihn wie ein Rezept nachmachen kannst und durch die Anleitung zum Erfolg kommen wirst. Vor dir haben diese Methode bereits hunderte Menschen für ihren persönlichen Durchbruch genutzt und auf den folgenden Zeilen erhältst du die 3 großen Erfolgsgeheimnisse für Ebooks an die Hand.

ERFOLGSGEHEIMNIS #1 - Kenne deine Zielgruppe!

Um als erfolgreicher Selfpublisher durchzustarten musst du in der Lage sein, dich in deine zukünftigen Kunden hinein zu versetzen. Auf den ersten Blick mag das herausfordernd sein und dir vielleicht sogar das Gefühl geben, dass du das nicht schaffst, doch ich möchte dich dazu ermutigen es einfach zu machen! Du wirst mit der Zeit selbst bemerken, dass es nicht so schlimm ist und du daran möglicherweise sogar Spaß findest.

Deine Zielgruppe genau zu kennen hat einige enorm wichtige Vorteile für dich. Du wirst dir einerseits wesentlich leichter dabei tun, die Sprache deiner Interessenten zu sprechen. Weißt du, wenn du in der Sprache deiner Kunden sprichst, dann ist es wesentlich einfacher für sie, dich zu verstehen.

Andererseits wird es für dich auch wesentlich einfacher Coverbilder auszuwählen, die deine Kunden ansprechen und wie du bereits weißt, sind Cover mit der entschiedenste Aspekt, wenn es um die Kaufentscheidung geht.

Wenn du dich also NICHT genug auf deine Zielgruppe fokussierst, dann

- gibt es KEINEN Durchbruch
- gibt es KEINEN Bestseller
- gibt es KEINEN oder nur wenig Umsatz

Wenn du dich aber intensiv auf deine
Zielgruppe fokussierst, dann

- machst du kreative Covers
- erzielst du mehr Verkäufe und
  signifikante Umsatzsteigerungen
- baust du passives Einkommen
  auf

ERFOLGSGEHEIMNIS #2 - QUALITÄT &MEHRWERT

Immer wieder stelle ich fest, dass
Menschen einfach irgendwelche Bücher
produzieren, um damit Geld zu
verdienen. Ich verurteile das nicht, denn
jeder muss mal anfangen, doch wenn du
ernsthaft vor hast ein stabiles Business
aufzubauen und langfristig im Ebook-
Business Fuß zu fassen, dann musst du
deine Bücher mit hoher Qualität
produzieren!
Dabei solltest du immer aus der Sicht
des Kunden auf das Buch schauen.
Bringst du stets mehr an Wert in das
Leben des Lesers?

Bekommt der Leser stets mehr als der dafür an Geld bezahlt?

Diese Fragen sollten zu deinem ständigen Begleiter werden und immer im Fokus stehen. Ich habe selbst am Anfang Bücher produziert auf die ich nicht stolz bin, doch das hab ich nur so gemacht, weil es mir eben nicht anders gezeigt wurde.

An dieser Stelle sei nochmals ganz klar gesagt, dass die Verantwortung ganz klar beim jeweiligen Selfpublisher liegt, doch anhand von professionellen und vorab getesteten Ghostwritern wird es relativ einfach zumindest sehr gute Qualität zu produzieren.

Der Eine oder andere wird definitiv auch an diesen Büchern etwas auszusetzen haben, doch oftmals sind das Menschen, die ohnehin ihr ganzes Leben etwas zu meckern haben, egal was sie gerade machen.

Vielleicht kennst du selbst auch solche Menschen, du kannst ihnen nichts recht machen. Sie beugen sich über eine

Suppe und schütteln so lange den Kopf, bis ein Haar runter fällt, über das sie sich im Anschluss beschweren…

Wichtig ist, dass du dich mit der Qualität, die du raus gibst, selbst identifizieren kannst. Wenn du dir selbst das Buch kaufen würdest und damit auch noch happy wärst, dann ist es gut, so wie es ist.

Wollen wir uns noch die Ebook Qualitäts Checkliste ansehen:

- Gewinnbringende Nische analysieren
- Qualität im Text
- Geniales Cover - Emotionen oder Provokation
- Keywords, Keywords, Keywords
- Marketing = Ka-Ching!

Die Nischen und die Qualität im Text haben wir bereits ausführlich besprochen, wollen wir noch auf die restlichen Punkte schauen. Als nächsten wichtigen Punkt kümmern wir uns jetzt um das Cover. Hierbei ist es wichtig, dass du entweder Emotionen bei Menschen hervorrufst oder dass du polarisierst. Durch diese beiden Aspekte wird das Cover und somit dein Buch erst so richtig interessant. Der Grund ist relativ simpel, denn Menschen lieben Emotionen und empfinden etwas, wenn sie provoziert werden.

Vielleicht kennst du den Spruch von Netty Neuthal:

„Es gibt keine zweite Chance für den ersten Eindruck!"

Das trifft es ganz gut auf den Punkt, denn in der „Wisch und Weg-Gesellschaft" in der wir uns gerade befinden wird es immer schwieriger auf sich aufmerksam zu machen.

Als nächsten wichtigen Punkt sollten wir noch über Keywords sprechen.

Keywords sind sogenannte Schlagwörter und sie dienen dazu, dass dein Buch gefunden wird. Du kannst dir das ganz

einfach so vorstellen, das Interessenten
eben in unserem Fall, also bei
Ratgebern, nicht oder nur sehr selten
nach einem Titel suchen. Sie suchen
nach einzelnen Schlagwörtern. Ein
Beispiel gefällig?
Wenn jemand Burn-Out hat, dann sucht
dieser Mensch zum Beispiel nach
Wörtern wie: Depression, Burn-Out,
Nervenkrank, Nervenkrankheit, Stress,
usw.

Im letzten Punkt auf unserer Liste
sprechen wir über mein persönliches
Lieblingsthema, über Marketing.
Marketing ist der entscheidende Aspekt,
der darüber entscheidet ob deine Bücher
etwas Umsatz machen oder eben durch
die Decke gehen. Hier kannst du extrem
viel richtig aber genauso gut extrem viel
falsch machen. Wichtig ist, dass du dir
immer vor Augen führst, dass wir hier mit
Amazon den wohl größten Partner auf
der Welt haben. Du bist gerade mal
einen Klick von Umsätzen auf der
ganzen Welt entfernt und kannst über

diese riesige Plattform auf Knopfdruck Geld verdienen.

Seitdem ich mich mit Marketing und dem Geld verdienen im Internet beschäftige habe ich noch nie eine solch geniale Möglichkeit entdeckt. Bezüglich dem Marketing hast du nahezu unbegrenzte Möglichkeiten und bekommst alleine durch die Zusammenarbeit mit Amazon eine riesig große Palette an Möglichkeiten zur Verfügung gestellt.

Von kostenlosen Promophasen über gesponserte Werbung ist hier das Portfolio an Wahlmöglichkeiten reichhaltig.

Außerhalb von Amazon kannst du natürlich zusätzliche Marketingkanäle anzapfen und zum Beispiel über FacEbook, Instagram oder auch YouTube deine Bücher bewerben.

ERFOLGSGEHEIMNIS #3 - DER ERFOLGSPLAN

Egal, was im Leben du anpacken willst, für alle großen Siege und Errungenschaften braucht es einen Plan. Hast du schonmal versucht dich in ein Taxi zu setzen und auf die Frage: „Wo soll es denn hingehen?" mit „zum Bahnhof will ich nicht!" zu antworten? Das ist auf jeden Fall sehr witzig und wird zu einer ganzen Menge an Fragezeichen führen. Der Blick des Taxilenkers wird dir nicht mehr so schnell aus dem Kopf gehen, denn einen solchen Kunden wird er davor vermutlich noch nie gehabt haben.
Das Witzige an dieser Sache ist, dass uns das allen vollkommen klar ist. Einzig wenn wir im Leben tagtäglich unsere Herausforderungen meistern, dann wissen wir nicht wohin wir wollen.
Die wenigsten Menschen haben konkrete Ziele.

Ohne einen konkreten Plan

- wirst du niemals in die Größe kommen
- wirst du es auch mit Ebooks nicht schaffen erfolgreich zu werden
- nutzt du nicht dein volles Potential und schon gar nicht das von Amazon!

Um so richtig durchzustarten und den Erfolg nach Maß zu erhalten, brauchst du den 6-Stufen-Plan für deinen Erfolg mit Ebooks. Dieser Plan ist ein bewährtes Mittel und hat bereits bei Hunderten von Menschen zu Freiheit, Unabhängigkeit und einem Jet-Set-Lifestyle geführt.
Arbeiten wann und wo du willst ist nun mal ein sehr erstrebenswertes Ziel und meiner Meinung nach mit keinem anderen Businessmodell wie mit Ebooks so schnell zu erreichen.

Wollen wir uns den Plan etwas genauer ansehen:

1. ZIELGRUPPENDEFINITION
2. NISCHENANALYSE
3. TEXT- UND COVERGESTALTUNG
4. SKALIEREN
5. ANALYSIEREN & OPTIMIEREN
6. MARKETING- & VERKAUFSSTRATEGIEN

ZIELGRUPPENDEFINITION

Du solltet niemals vergessen für wen du das Buch geschrieben hast bzw.
schreiben lassen hast. Darauf bauen viele weitere wesentliche Punkte wie Marketing, Skalierung und natürlich auch der Verkauf auf.
In weiterer Folge wird es für dich immer wieder wichtig sein, durch die Brille des Kunden zu schauen, und deshalb musst du wissen, wer denn überhaupt deine Kunden sind!

NISCHENANALYSE

Ein großes Thema zu dem es vermutlich
ebenso viele verschiedene Meinungen
gibt, wie Selfpublisher. Hier bedarf es
vermutlich ab und zu einer neuen
Sichtweise. Zu dem Zeitpunkt, an dem
ich dieses Buch hier schreibe schildere
ich dir den Weg, auf dem ich seit über 2
Jahren und mehr als 170 erfolgreichen
Büchern wandle. Diese Nischen, in
denen ich arbeite nenne ich liebevoll die
„Gewinnbringer-Nischen". Wie bereits
gesagt, werden hier vermutlich
unterschiedliche Selfpublisher
unterschiedliche Ansätze haben. Doch
weißt du, im Grunde ist es doch immer
so, dass wir die Probleme und
Herausforderungen unserer Leser lösen,
richtig? Und genau aus diesem Grund
ergeben sich doch auch die Nischen, in
denen der Großteil der Menschen nach
Hilfe sucht.

TEXT- UND COVERGESTALTUNG

Kommen wir zum ersten richtigen „handwerklichen" Teil, dem Text bzw. dem Cover. Eins gleich vorweg, wenn du kein professioneller Coverdesigner bist, dann bekommst du von mir an der Stelle den gut gemeinten Rat ALLE Covers an Designer auszulagern. „Es gibt keine Zweite Chance für den ersten Eindruck!" hat hier bereits Netty Neuthal geschrieben.

Damit ist gemeint, dass die Interessenten, die auf Amazon nach einem Buch suchen, erstmal nur das Cover wahrnehmen können. Sie wissen nicht was im Buchinneren auf sie wartet und entscheiden aufgrund des Covers ob sie überhaupt einen Blick ins Innere wagen. Das Cover muss also entweder Emotionen/Gefühle wecken oder eben Provokant sein.

Auch der zweite Teil dieser Stufe auf

dem Erfolgsplan ist massiv wichtig und du solltest ihn dir zu Herzen nehmen. Wenn du langfristig erfolgreich als Selfpublisher tätig sein willst, dann musst du höchste Qualität abliefern. Frag dich immer selbst ob du mit diesem Buch zufrieden wärst und ob deine Fragen zu diesem Thema geklärt sind, wenn du das Buch gelesen hast. Nichts ist schlimmer, als einfach irgendwelchen Ramsch zu veröffentlichen in der Hoffnung damit Geld zu verdienen.

SKALIERUNG

Jetzt gehts so richtig los, wir wollen über Wachstum und Entwicklung sprechen. Solltest du, ebenso wie ich, nicht der begnadetste Schreiberling sein, so hast du die geniale Möglichkeit mit sogenannten Ghostwritern Abhilfe zu schaffen. Was Ghostwriter sind und wo du welche findest haben wir weiter oben bereits besprochen. An dieser Stelle sei

nur noch gesagt, dass du durch
verschiedene Ghostwriter eben auch in
verschiedenen Bereichen arbeiten
kannst und dadurch mit Plan mehr
Bücher und somit mehr Umsatz
erreichen kannst.

ANALYSE & OPTIMIERUNG

Vermutlicherweise in so gut wie allen
Unternehmen dieser Welt mittlerweile
vollkommen normal ist es natürlich auch
als Selfpublisher wichtig dich selbst und
auch deine Bücher zu reflektieren.
Analysiere, welche deiner Bücher gut
funktionieren und ob du möglicherweise
Änderungen vornehmen musst oder
kannst damit sie mehr Absatz finden.
Optimiere unter anderem immer wieder
mal die Keywords und sorge damit für
ein gutes Ranking. Das sind ein paar
einfache Tricks die, wenn du sie auch
umsetzt zu großen Umsatzanstiegen
beitragen können.

MARKETING- & VERKAUFSSTRATEGIEN

Marketing entwickelt sich ständig weiter und an dieser Stelle erläutere ich ein paar unserer aktuellen Marketingstrategien die, während ich dieses Buch schreibe, bei uns gut funktionieren.

Aktuell betreiben wir Marketing auf unterschiedlichen Ebenen. Einerseits arbeiten wir mit der kostenlosen Promophase, die Amazon direkt anbietet. Dadurch werden Bücher besser geranked, also weiter vorne gelistet. Zusätzlich verwenden wir externe Autorenseiten durch die zusätzliche Möglichkeiten entstehen, Kunden zu erreichen, zu helfen und natürlich auch Dienstleistungen, Produkte oder andere Dinge zu verkaufen. Der dritte sehr erfolgreiche Weg, den wir verwenden ist AMS, der hauseigene Marketingweg von

Amazon. Hier kann, ähnlich wie bei FacEbook Werbeanzeigen, eine Anzeige für ein jeweiliges Buch gemacht werden. Dadurch wird das Buch beworben und es werden wesentlich höhere Verkäufe erzielt.

Dadurch das Amazon natürlich selbst sehr daran interessiert ist, dass die Bücher verkauft werden leisten sie hier sehr guten Support und unterstützen schonmal, auch per Telefonanruf. Dieses probate Mittel kann schonmal den Unterschied machen, ob ein Buch 5 Mal pro Monat verkauft wird oder eben 50 Mal.

Wie du also sehen kannst, solltest du beim Selfpublishing immer den Fokus auf das Lösen der Probleme und Herausforderungen von Menschen haben. Mit diesem 6-Stufen-Erfolgsplan bist du sehr gut aufgestellt, und wenn du dich auch noch daran hältst, dann werden die Ergebnisse nur die Folge deiner Arbeit sein.

Umsatzwachstum und der gewünschte

Lifestyle ist wirklich für jeden erreichbar und durch diese effektiven und kontrollierbaren Strategien gibt es sogar Leitplanken für dieses Businessmodell. Übrigens, mit dieser bewährten Methode verdienen bereits hunderte von Menschen erfolgreich Monat für Monat Geld im Internet!

Autorenseiten und andere Marketingmöglichkeiten

Wie bereits im letzten Kapitel angerissen sind Autorenseiten ein enorm effektiver und wichtiger Bestandteil der Werbemöglichkeiten von Selfpublishern. Autorenseiten können auf unterschiedlichste Weise aufgebaut werden. Hierzu kannst du Experten beschäftigen die dir schicke und praktische Seiten bauen oder ganz einfach selber Seiten aufbauen. Wenn du ebenso wie ich keine Vorahnung davon hast brauchst du keine Angst zu haben! Du kannst mit Hilfe meiner Schritt für Schritt Anleitung auch das ganz einfach und in kurzer Zeit lernen. Letztendlich ist es dir überlassen ob du diesen Bereich an externe Freelancer oder Unternehmer outsourct oder kostengünstig diese selbst übernimmst. Zukünftig wird es für dich wichtig sein, dass du zu deinen Kunden

immer wieder Kontakt aufnehmen
kannst. Wenn deine Kunden zu Fans
von dir geworden sind, dann bist du
auch in der Lage auf Knopfdruck Geld zu
verdienen.

Du fragst dich jetzt wie ich das meine,
richtig?
Ganz einfach, stell dir vor du hast bereits
einige Rezeptbücher geschrieben und
der rote Faden besteht darin, dass es
um gesunde Ernährung und Abnehm-
Rezepte geht. Wenn deine Kunden
begeistert von deinen Büchern sind, sind
sie auch leichter bereit dazu, andere
Produkte von dir zu kaufen.
Jetzt kannst du ihnen zum Beispiel einen
Online-Kochkurs, zu dem du einen
Affiliatelink hast anbieten. Deine Kunden
klicken auf den Link und bekommen den
Kurs zu den selben Konditionen als
wenn sie in direkt beim jeweiligen
Anbieter kaufen mit dem Unterschied,
dass du jetzt eine Provision erhältst.
Stell dir einfach mal vor du hast 1.000
Kunden in deiner Kundenliste und

schickst allen zufriedenen Lesern deiner
Ernährungsbücher genau diesen Link.
Jetzt kaufen plötzlich rund 20%, also 100
Kunden diesen Kurs um rund 400 Euro.
Du bekommst eine Provision von 25%
also 100 Euro pro Kurs. Das macht dann
gesamt eine Provision von 10.000 Euro.
Ich würde sagen Geld kann man auch
deutlich schwieriger verdienen, wahr
oder wahr?

Damit diese Prozesse und Abläufe auch
funktionieren und du dementsprechend
Kunden auf deine Liste bekommst ist es
unerlässlich auch eine FacEbook-
Fanpage zu haben. Außerdem kommst
du um Instagram nicht herum und
solltest deine täglichen Marketing- und
Werbeaktivitäten auf mindestens 80%
deiner Arbeitszeit ausweiten.
Zum Marketing gehört meiner
Wahrnehmung nach auch die
Kommunikation mit den Kunden. Hier
solltest du speziell über deine
FacEbook-Fanpage und über Instagram
den direkten Kontakt zu deinen Kunden

suchen uns sie in Gespräche verwickeln. Dadurch hast du die Möglichkeit etwaige Probleme und Missstimmungen bezüglich deiner Produkte oder der Abläufe sofort heraus zu bekommen und kannst diese dann bereinigen.

Ein weiterer wichtiger Marketingkanal ist **AMS**, also Amazon Marketing Services. Diese Funktion ist aktuell nicht für alle Selfpublisher erreichbar jedoch über den Kontakt mit den Amazon Support Mitarbeitern wird in der Regel der Account freigeschalten. Über diesen Weg kannst du gezielt Werbung auf Amazon für dein Buch schalten. Diese Werbung kannst du dir ähnlich vorstellen wie auf FacEbook. Es wird also pro Klick abgerechnet und durch die Einfachheit dieses Systems wirst du grundsätzlich mit den Werbeanzeigen immer Gewinn machen.
Achte darauf, dass du nach den Vorgaben von AMS arbeitest, dann kann nichts schief gehen.

Abschließende Worte

Vielen Dank, dass du dieses Buch bis hier hin gelesen hast. Es liegt mir sehr viel daran, dass dieses Buch dazu beiträgt die Welt zu einem besseren Ort zu machen. Weißt du, wenn du etwas aus dem Buch mitnehmen und für dich umsetzen kannst, dann hat es seinen Zweck bereits erfüllt. An dieser Stelle möchte ich dich gerne um deine Hilfe bitten. Bitte sei so nett und rezensiere dieses Buch auf Amazon (eine kurze Bewertung wie es dir gefallen/geholfen hat). Herzlichen Dank dafür!!

Mit diesem Buch hast du die grundlegenden Informationen rund um das Thema Ebooks bekommen. Du hast Einblicke über Möglichkeiten, die es gibt und den einen oder anderen Tipp erhalten. Verständlicherweise kann ich in diesem Buch nur umreißen was mit diesem Businessmodell möglich ist, doch du kannst dir schon mal sicher sein, dass du mit jedem Buch, das du veröffentlichst, auch Gewinn erzielen wirst (zumindest, wenn du nach den Tipps aus dem #EBOOKSMARTSTART Videokurs vorgehst).

Dieses Businessmodell wird nicht umsonst als das einfachste Businessmodell der Welt bezeichnet und hat bereits mehrere tausend Menschen in eine finanzielle Freiheit und Unabhängigkeit geführt. Egal aus welchem Gesichtspunkt du dieses Business betrachtest, du kannst nur gewinnen.

- Du bist Unternehmer und möchtest einen volleren Terminkalender? *CHECK!*
- Du willst als Experte wahrgenommen werden? *CHECK!*
- Du willst Geld im Internet verdienen? *CHECK!*
- Du willst ein zweites Standbein aufbauen? *CHECK!*
- Du willst professionelle Werbung machen? *CHECK!*

- ⚹ Du willst passives Einkommen generieren? *CHECK!*
- ⚹ Du willst Bestsellerautor sein? *CHECK!*
- ⚹ usw.

Mit dem Ebook-Business als Grundlage kannst du dein eigenes Imperium aufbauen, dein Unternehmen auf das nächste Level heben, passives Einkommen kreieren, von deinen Kunden als DER EXPERTE wahrgenommen werden, deine Werbung professioneller gestalten, als Mama von zuhause aus Geld verdienen und bei den Kids sein oder einfach deine Story erzählen und dich somit selbst verwirklichen.

Dieses Business zeichnet sich einfach dadurch aus, dass es extrem vielseitig ist und dass wirklich JEDER es auf einfache Art und Weise umsetzen kann.

Wenn du jetzt Lust bekommen hast und noch nicht konkret weißt wie du am besten startest, dann empfehle ich dir einfach mal auf meiner Seite philipp-schartner.com vorbei zu kommen. Hier kannst du dich über die unterschiedlichsten Möglichkeiten informieren und dich zu meinem Newsletter und zum GAMECHANGER-Podcast anmelden. Außerdem kannst du ein GRATIS-Coaching mit mir oder einem meiner Coaches gewinnen, das solltest du dir nicht entgehen lassen!

An dieser Stelle bedanke ich mich bei dir für deine Aufmerksamkeit und deine Zeit, die du in dich investiert hast. Ich hoffe, dass du aus diesem Buch einiges mitnehmen konntest und mir gerne Feedback gibst.
Übrigens ist mittlerweile auch mein Blog online und wird immer wieder mit interessanten und aktuellen Themen gefüttert.
Wenn du noch nicht sicher bist, ob das Ebook-Business das richtige für dich ist, dann kann ich dir noch eine KOSTENLOSE Strategiesession anbieten, in der wir dich anrufen und mit

dir besprechen, wie deine ersten Schritte
aussehen können.

Und jetzt sage ich nochmal von ganzem
Herzen DANKE!

Herzliche Grüße,
Dein Phil

Haftungsausschluss

Es wurde jede Anstrengung unternommen, dieses Produkt und sein Potenzial sorgfältig darzustellen. Auch wenn das Internet eines der wenigen Bereiche ist, wo man sein Einkommen selbst bestimmen kann, gibt es dennoch keine Garantie, dass Sie mit der Anwendung dieser Techniken und dieses Materials Geld verdienen. Beispiele in diesem Text dürfen nicht als ein Verdienst-Versprechen interpretiert werden. Die Höhe des Verdienstes ist völlig abhängig von der Person, die unser Produkt, unsere Ideen und Techniken anwendet. Wir geben nicht vor, dass es sich hier um ein „Reichwerden-System" handelt. Sämtliche Behauptungen bezüglich tatsächlicher Umsätze und Resultate können auf Verlangen belegt werden. Der Grad Ihres Erfolgs, die Ergebnisse in unserem Material zu erreichen, ist abhängig von Ihrem Zeiteinsatz, Ihren finanziellen Möglichkeiten, Ihrem Wissen und verschiedenen Fertigkeiten, die Sie besitzen. Da diese Faktoren individuell verschieden sind, können wir Ihren Erfolg oder Ihre Einkommenshöhe nicht garantieren. Noch sind wir für irgendwelche Ihrer Handlungen verantwortlich. Sämtliche Prognosen in diesen oder weiteren Verkaufstexten beabsichtigen, unsere Meinung zum möglichen Einkommenspotenzial zum Ausdruck zu bringen. Viele Faktoren tragen zu Ihren persönlichen Resultaten bei, daher können keine Zusagen gemacht werden, dass Sie unsere Resultate oder die von anderen Personen erreichen werden. Es kann keine Zusicherung gemacht werden, dass Sie durch unsere Vorschläge und Techniken überhaupt Resultate erzielen.

Impressum